한 권으로 끝내는
회계와
재무제표

KB194791

제7판

한 권으로 끝내는
회계와
재무제표

신방수 지음

아라크네

회계 지식이 경쟁력이다

사회가 복잡해지면서 직장에서나 가정에서 고도의 판단을 내려야 하는 상황이 점점 많아지고 있습니다.

그런데 팀장이 돼서 그리고 임원이 돼서 그리고 가장이 돼서 심지어 국가를 책임지는 기관의 장이 돼서 중요한 판단을 제대로 내리지 못하면 어떻게 될까요? 깊이 생각하지 않더라도 그 결과는 참담할 것입니다.

최고의 판단을 내리는 데는 회계 지식이 반드시 필요합니다. 그래서 저는 누구나 쉽게 이해할 수 있도록 회계와 재무제표를 다루는 책을 집필하기로 했습니다. 대한민국 국민 누구라도 이 책을 통해서 숫자 감각을 키워 경제생활이 윤택해졌으면 합니다. 실제로 사장이나 임원이나 부자들은 숫자 감각이 매우 뛰어납니다. '나는 이공계 출신이므로 또는 나는 경리 부서가 아니므로 회계를 몰라도 돼' 이런 사고를 지닌 분들은 단순 기술자로 전락할 수밖에 없습니다.

앞으로 사회가 점점 복잡해질수록 회계 마인드와 경영 마인드로 중무장한 사람들이 앞서 나갈 수밖에 없습니다. 이렇게 중요한 회계를 그동안 너무 방치해 왔습니다.

누구나 재무제표가 얼마나 중요한지 잘 알고 있습니다. 재무제표를 알아야 성공한다는 식의 얘기를 많이 들어 왔기 때문입니다. 하지만 재무제표를 완전 정복하기는 쉽지가 않았습니다. 지금까지 재무제표를 다룬 책들이 너무 어려웠던 것도 주요 원인입니다. 그러다 보니 마음속으로만 재무제표를 통해 기획도 하고 경영관리도 하고 싶어 했습니다. 그러고는 숫자만 나오면 머리를 절레절레 흔들고 맙니다.

그렇게 시간이 흐르다 보면 회계와 재무제표를 배울 기회를 놓치고 맙니다. 이렇게 된 근본 이유는 회계원리를 알려 하지 않고 회계와 재무제표 간의 연결고리를 찾지 못하기 때문입니다.

이 책은 왕초보자의 입장에서 회계와 재무제표를 쉽게 이해할 수 있도록 회계의 기초과정부터 재무제표를 분석하고 활용하는 방법까지 다루고 있습니다. 물론 경영의 흐름을 놓치지 않으려고 했습니다.

첫째, 기업이나 가정 경영에서 빼놓을 수 없는 회계원리를 다루었습니다. 회계원리를 이해하면 숫자 감각을 키울 수 있고 직장이나 가정에서도 활용도를 높일 수 있습니다. 예를 들어 사업계획이나 판매계획을 세우거나 견적서를 제출할 때 또는 새로운 비즈니스 모델을 만들 때 그 유용성이 높습니다. 이 외에도 성과 평가나 새로운 시장을 개척하는 등의 업무에도 폭넓게 회계를 이용할 수 있습니다.

둘째, 계정과목별로 세부적인 내용과 회계처리의 영향 등을 쉽게 파악할 수 있도록 했습니다. 재무제표는 회사의 거래 하나하나에 대해 회계처리를 한 결과를 표시한 것입니다. 따라서 계정과목의 특징이 이해되지 않으면 재무제표를 읽을 수 없습니다. 고작 당기순이익이 얼마 정도 되는지만 알게 될 것입니다. 하지만 그 이익이 어떻게 나왔는지는 알 수도 없거니와 조작 가능성이 있는지 그리고 현금흐름과는 어떤 관계가 있는지도 도무지 알 수 없습니다. 이 책은 이런 점을 감안해 회계 데이터가 재무제표로 변하는 과정, 그리고 경영과의 연결성 등을 실무 관점에서 알차게 보여 주고 있습니다.

셋째, 회계 시스템을 구축하는 방법을 다루었습니다. 회사 내부 회계 시스템이 제대로 작동되지 않으면 자금 사고도 발생할 수 있고 세무상 문제점도 발생합니다. 따라서 회사를 창업하려고 하는 사업자들은 물론 현재 계속 기업을 운영하는 경영자들은 자사의 회계 시스템이 잘 구축됐는지를 검토할 수 있는 기회가 될 것입니다. 예를 들어 입출금 시스템을 어떻게 할 것인지, 회계 시스템은 어떻게 유지할 것인지 등을 알 수 있습니다.

이상과 같이 회계와 재무제표를 이해한다면 어느 부서 어느 직급에 있더라도 회계와 재무제표에 대한 자신감을 가질 수 있을 것입니다. 또한 경영자들에게 경영의 기초를 제공해 줄 것입니다. 물론 이 책을 잘 소화할 때까지 고단수 세무사 등 여러 주인공이 여러분 곁을 든든히 지켜 줄 것입니다.

이 책은 대한민국에서 직장 생활을 하는 분들, 특히 사회초년생들이나 승진을 생각하는 중간관리자 그리고 임원들에게 유용할 것입니다. 또한 경리 및 회계 부서에서 종사하는 분들이나 최고경영자 그리고 1인 법인사업자 등을 꿈꾸는 예비 창업자들이나 자산관리를 하는 분들 그리고 국가 경제를 책임지고 있는 분들에게도 도움이 될 것입니다.

끝으로 이 책을 내주신 아라크네 김연홍 사장님과 직원들에게 감사의 말씀을 드립니다. 그리고 언제나 뒤에서 묵묵히 도와주는 아내 배순자와 큰딸 하영이 작은딸 주영이에게 이 책을 바칩니다.

신방수(세무사)

3장
재무상태표계정에서 기업가치가 결정된다

4장
손익계정에서 경영성과가 나온다

5장
회계감사와 세무조사를 대비하는 결산

6장
재무제표 분석 및 활용법

7장
창업 회계 시스템 구축과 컨설팅

1장

초보자가 알아야 할 회계 기본

비즈니스맨,
회계 지식으로 중무장하라

"직장에서 고위직에 오르려면 회계를 잘 알아야 해. 회계나 재무제표를 모르면 아무리 유능해도 그저 기술자로 끝나고 마는 경우가 많잖아. 고위직들은 얼마나 재무제표에 밝은데. 그 자리에 오르려면 재무제표 지식은 기본이야. 근데 사람들이 너무 회계나 재무제표의 중요성을 잘 모르는 것 같아. 알아 두면 직장 생활이나 일상생활에 도움이 많은데……."

"그래. 모두 헛똑똑이라서 그렇지. 사장들만 회계를 알아야 한다는 것도 잘못된 편견이야. 평범한 월급쟁이들도 재무제표를 볼 줄 알아야 회사가 어떻게 돌아가는지 자기가 하는 일이 회사 경영 차원에서 어떤 의미가 있는지 알 수 있지. 좋은 기획안도 그런 바탕에서 나오는 거잖아."

야무진이 남편 이절세와 얘기를 나누고 있었다. 야무진은 현재 보험회사에서 재무설계사로 근무하고 있고 이절세는 증권회사에서 개인자산관리 팀장으로 일하고 있다.

"사실 회계는 참 쉬운 거잖아. 근데 왜 어렵다고 알려져 있는지 모르겠어. 부자들이 자기들끼리만 알고 있으려고 그런 헛소문을 퍼뜨려 놓은 건 아닐까 하는 생각이 다 든다니까."

"하하하. 뭐라고?"

"왜? 내 말이 맞잖아. 부자가 되려면 회계 상식이 풍부해야 하는 건 당연하잖아."

"하긴 그래. 근데 왜 회계는 어렵다는 편견이 생긴 걸까? 내가 경험한 바로는 몇 가지 원리만 터득하면 정말로 쉬운데 말이야."

야무진은 얼마 전까지 한 세무법인에 근무하며 기업의 장부 작성을 대행해 주고 재무제표 만드는 일을 했다. 사실 그 모든 과정은 전산처리가 가능해 그다지 어려운 일이 아니었다. 이절세 또한 그동안

업무적으로 재무제표를 많이 다루어 보았기 때문에 재무제표의 원리를 꿰뚫고 있었다.

"회계나 재무제표가 숫자로 이루어져 있어서 어렵다고 느끼는 건 아닐까? 우리 팀의 왕초보도 지금 공부하고 있는데 그게 쉽지가 않은 모양이야."

"음… 그럴 수도 있겠지. 하지만 무엇보다도 회계 실무 경험이 없어서 더더욱 어렵다고 느끼는 것 같아. 눈으로만 대충 훑어보니 감각도 없고……."

"역시, 우리 아내는 똑똑해. 사실 나도 실무 경험이 없어서 초반에는 고생을 많이 했지."

"그러면 지금은 좀 많이 나아졌겠네?"

"으응, 그런데 약간……."

이절세는 자신 있게 대답하지 못했다.

"여보, 유능한 비즈니스맨이라면 반드시 회계를 알아 두어야 할 것 같아. 그래야 재무제표를 제대로 읽을 수 있고 업무에도 활용할 수 있지."

"그래 맞는 말이야. 그런데 현실적으로 공부하기가 쉽지 않잖아. 공부할 게 얼마나 많은데."

"어허, 우리 남편 문제가 있네? 앞서 나가는 사람들은 어제도 공부, 오늘도 공부, 내일도 공부하는데… 하는 수 없지. 일단 발마사지부터 해봐. 그럼 그동안 내가 갈고닦은 지식 그대로 전수해 줄 테니까."

야무진은 피곤에 지친 자신의 발을 이절세에게 맡겼다.

기업이익은 현금흐름이 뒷받침돼야 한다

"대부분의 사람이 기업의 이익에 관심이 많습니다. 이익이 많아야 보너스도 많이 받고, 또 돈을 빌려주는 은행도 원리금을 잘 받을 수 있으니까요."

이절세와 같이 근무하는 왕초보가 말을 건넸다. 왕초보는 호기심이 많은 신입사원이다.

"당연하지. 개인이나 기업 모두 이익을 많이 내려고 하지 않겠어? 자본주의 사회에서는 돈을 많이 버는 사람들이 대접을 받잖아."

"그런데 팀장님, 회사의 이익도 수입에서 지출을 빼는 것이 아닌가요?"

"아니야. 왕초보가 생각하는 개념과는 좀 달라. 회계이익을 어떻게 산정하는지를 알면 좀 쉬워질 거야. 잘 들어 보라고!"

개인기업이든 법인기업이든, 그리고 규모가 크든 작든 기업에서 이익은 매우 중요한 의미를 내포하고 있다. 이익이 많은 기업일수록 임직원들은 높은 수당을 받을 수 있고, 주주들은 더 많은 배당을 받을 수 있다. 또 은행 등 금융기관은 안정적으로 이자 수입을 얻을 수 있고, 과세당국은 더 많은 세금을 거둘 수 있다. 사회적으로도 책임을 다하는 기업이라는 명예를 얻을 수 있는 기회가 생긴다. 반면에 이익이 나지 않는 기업은 당장 급여를 주지도 못하거니와 채권 회수 압박에 시달리는 등 기업 소멸의 길로 빠질 수도 있다.

그렇다면 기업이익은 어떻게 산정할까?

결론적으로 말하면 기업이익은 벌어들인 수익에서 그 수익을 달성하기 위해 들어간 비용을 뺀 이윤이라고 할 수 있다. 그런데 이 이익 개념은 앞에서 왕초보가 질문한 현금 개념과는 다소 거리가 멀다. 기업이익을 측정하는 기준을 현금 기준이 아닌 발생 기준으로 하기 때문이다.

예를 들어 한 해 동안 1억 원을 벌었다. 그런데 이를 벌기 위해서 들어간 돈이 재료비 1,000만 원이고 각종 경비가 4,000만 원이라면 이윤은 5,000만 원이라고 할 수 있다. 컴퓨터와 자동차의 구입 비용이 위 경비 속에 포함되지 않았다면 어떻게 될 것인가? 컴퓨터와 자동차 구입 비용이 3,000만 원이라면 이를 이윤 5,000만 원에서 차감한 2,000만 원이 이윤이라고 할 것인가?

아니다. 컴퓨터 등은 앞으로도 몇 년간 사업을 위해 더 사용할 수 있으므로 당기 비용으로 모두 처리하면 안 된다. 따라서 사용 연수로 나누어 비용을 안분해야 한다. 만일 컴퓨터 등 사용 비용이 한 해에 1,000만 원이라면 위의 이윤은 5,000만 원이 아니라 4,000만 원이 될 것이다.

이렇게 이익을 따지는 이유는 5,000만 원이 아닌 4,000만 원이 1년 동안의 이익에 합당하기 때문이다. 컴퓨터나 자동차 사용도 수익을 달성하는 데 기여했으므로, 이에 기여한 만큼을 비용으로 처리하는 것이 타당하다.

실무적으로 보면 이렇게 처리해야 할 것이 상당히 많다. 예를 들면 보유한 재고나 기타 자산 가치가 현저히 떨어질 때 가치 하락분을 비용 처리할 수 있는지, 외상매출금 중 받지 못할 가능성이 높은 경우 그 금액이 손실 처리가 되는지, 퇴직금을 미리 비용 처리할 수 있는지 등이 그렇다.

그런데 이런 유형들은 기업 임의대로 금액을 계산해 처리할 가능성이 높다. 만약 기업 입맛대로 처리하도록 허용하면 회계정보의 신뢰성이 약해져 결국 이해관계자들의 의사결정을 왜곡하게 만든다. 그래서 상법이나 기업회계기준 그리고 세법 등에서는 회계처리에 대해 구체적인 기준을 두고 위반 시 제재를 가하고 있다.

기업의 성장과 유지는 이익에 달려 있는 만큼 이익은 중요하다. 이익이 많으면 좋은 회사일 가능성이 높다. 다만, 그 이익은 현금흐름이 뒷받침된 이익이어야 한다. 아무리 서류상 이익이 많아도 현금흐름이 나쁘다면 심각한 도산 위기에 빠질 수 있다. 따라서 기업의 모든 종사자들은 실제 현금흐름이 뒷받침되는지를 수시로 점검하는 것이 필요하다.

회계 기본원리 :
수익비용대응의 원칙

"오늘 왕초보가 기업이익을 어떻게 계산하는가 물어보더군."

"그래? 어떻게 계산한다고 했어?"

이절세는 야무진의 질문에 왕초보에게 했던 것을 되풀이할 수밖에 없었다.

그러자 야무진은 '수익비용대응 원칙만 알면 모두 해결될 텐데…' 라고 중얼거렸다.

앞에서 이절세가 왕초보에게 설명한 것처럼 기업이익은 수익에서 비용을 차감해 계산한다. 따라서 이익을 크게 하려면 수익을 높이는 동시에 비용을 줄이면 된다. 하지만 이 이익은 인위적으로 만들어서는 안 된다. 기업의 이익 정보는 다양한 이해관계자들에게 제공되므로 통일된 기준으로 작성되어야 한다. 그 대표적인 것이 바로 수익비용대응의 원칙이다.

비용	수익
이익	

'수익비용대응 원칙'은 1년 동안의 회계기간에 발생한 수익에 대응되도록 비용을 계상하는 것을 말한다. 이렇게 하는 이유는 현재의 회계 보고 시스템이 1년 동안에 발생한 경영성과나 재무상태에 관한 자료를 생산하고 있기 때문이다.

회사는 그 생명이 무한하다고 보는 것이 일반적이다. 하지만 외부 보고 자료를 그 생명이 다할 때까지 연장해 제출한다면 이해관계자들은 그 어떤 의사결정도 제대로 내릴 수가 없다. 그래서 인위적으로 기간을 쪼개서 그에 해당하는 기간별로 재무정보를 제공하고, 세금도 그 기간에 맞도록 거두고 있다. 따라서 당해 연도에 들어갈 수익과 비용을 정확하게 산정하는 것이 매우 중요하다. 그렇다면 구체적으로 어떻게 수익과 비용을 인식하는지 살펴보자.

먼저 수익은 기업의 경영 활동에 따라 발생하는 자산 유입이나 부채 감소를 말한다. 예를 들어 어떤 기업이 물건을 팔았다면 이로 인해 현금이나 매출채권이라는 자산이 유입된다. 일반적으로 수익은 경영 활동의 종류와 수익이 인식되는 방법에 따라 매출액, 이자수익, 임대수익 등처럼 다양하게 구분할 수 있다.

이러한 수익은 물건을 판매하거나 용역을 제공하고 그에 맞는 대가를 현금이나 매출채권으로 받을 때 인식하는 것이 정석이다. 예를 들어 해당 기업이 보유한 상품을 판매한 시점에서 그에 대한 대금이 결정됐다면 판매한 날이 속한 회계연도의 매출로 처리하는 것이 올바르다.

그런데 이와는 달리 비용은 앞의 수익보다 내용이 복잡하다. 앞에서 본 컴퓨터나 자동차를 업무에 이용한 부분을 비용으로 산정하는 것과 유사하게 처리해야 할 것이 많기 때문이다. 그래서 회계기준에서는 비용을 산정하는 기준을 다음 세 가지로 마련하고 있다.

첫째, 수익과 직접 관련해 발생한 비용은 동일한 거래에서 발생하는 수익에 대응해 인식한다. 예를 들어 올해 특정한 기계를 판매했다면 그 기계의 구입원가는 그 기계 판매액에 대응되도록 올해의 매출원가로 처리해야 한다.

둘째, 수익과 직접 대응할 수 없는 비용은 당해 회계기간의 비용으로 처리한다. 예를 들어 인건비의 경우 수익과 직접 관련해 발생하는 비용은 아니므로 현금이 지출(인건비 현금 지급)되거나 부채가 발생(인건비는 발생했으나 미지급된 경우)된 해에 비용으로 인식한다.

셋째, 특정 자산이 여러 회계기간에 걸쳐 경제적 이득을 제공해 주면 비용을 배분해야 한다. 예를 들어 컴퓨터나 자동차는 특별한 사정이 없는 한 수년간 사용할 수 있는 자산이므로 사용 연수에 따라 비용을 배분해 인식한다. 이와 반대로 과거에 인식한 자산이 경제적 가치가 소멸하거나 경제적 가치가 없음에도 불구하고 부채가 발생하는 경우는 이를 비용으로 인식해야 한다. 예를 들면 퇴직금은 퇴직할 때 지급해야 하는 비용이지만 퇴직 전 각 회계기간 동안에 지속적으로 발생하는 비용이다. 따라서 퇴직금을 지급한 시점에 퇴직금으로 비용 처리를 하는 것이 아니라 회계기간에 안분 처리하는 것이 타당하다.

Tip **발생주의와 실현주의**

실무적으로 수익비용대응 원칙은 발생주의와 수익 실현주의에 영향을 받는다. 발생주의는 모든 수익과 비용이 발생되는 때를 기준으로 수익과 비용을 인식하는 것을 말한다. 이와 상대적인 개념으로는 현금이 입금되거나 출금되는 때를 기준으로 수익과 비용을 인식하는 현금주의가 있다.

현행 회계는 이 중에서 발생주의를 채택하고 있다. 이렇게 처리하는 것이 자산과 부채 그리고 경영성과를 올바르게 측정할 수 있기 때문이다. 그렇지만 수익은 한 단계를 더 거쳐 인식해야 한다. 왜냐하면 발생주의에 합당한 수익 중 미실현이익이 있다면 이를 결산서에 반영할 수 없기 때문이다. 그래서 현행 기업회계기준에서 수익이 실현되는 시기에 인식하도록 하고 있다. 통상 수익이 실현되는 시기란 보통 수익 창출 활동이 끝나서 재화나 용역의 제공이 완료되고 현금 또는 현금 청구권과 교환되는 시점을 말한다.

참고로 세법은 이러한 손익 인식 기준에도 불구하고 '권리의무확정주의'에 따라 수익과 비용을 인식한다. 여기서 '권리의 확정'이란 대개 계약상 재화나 용역이 제공되어 대금 청구권이 확정되는 것을 의미한다. 이는 회계상 실현주의와 일맥상통하나 일부의 거래에서는 회계기준과 세법이 일치되지 않는 것들이 있다. 이런 경우 세법의 내용을 우선 적용해야 한다(세법 우선의 원칙).

차변과 대변은
왜 필요한가

왕초보는 이절세 팀장과 식당에 가서 음식이 나오기를 기다리는 동안 회계에 대한 궁금한 사항 한 가지를 물었다.

"팀장님, 회계책을 보니까 차변과 대변이 나오던데요. 그 개념도 생소하거니와 신기하게도 차변은 차변대로 대변은 대변대로 합계한 결과, 그 둘이 일치가 되더군요. 그런데 만일 차변과 대변이 분류가 안 되거나 합계가 일치하지 않으면 어떤 영향이 있는지 아세요?"

"우리 왕초보가 많은 것을 물어보는구나. 회계를 처음 접한 사람들이 왜 차변과 대변이 존재하고 그들의 합계가 일치해야 문제가 없는지 알쏭달쏭하게 생각하는 경우가 많지. 나도 한참 헤맸거든. 물론 지금도 어려운 것은 마찬가지지만……. 어, 밥 나왔네. 일단 밥부터 먹고 나서 알려 줘도 되겠지?"

이절세는 왕초보의 질문에 딱히 해 줄 말이 없어 그 순간을 그렇게 피했다. 하지만 오후 내내 찝찝한 생각이 가시지를 않았다. 그래서 집으로 돌아오자마자 야무진에게 질문을 쏟아 내기 시작했다.

"왜 회계에서는 꼭 차변과 대변이 있어야 해? 그리고 각각은 왜 일치가 돼야 할까?"

"그렇게 하는 데는 다 이유가 있겠지. 차변과 대변을 가지고 회계처리하는 방식을 복식부기라고 하는데 이렇게 하면 자기 검증력이 높아지기 때문이야."

"뭐, 자기 검증력? 자기를 검증해?"

"?! 으이그, 남편! 내가 한번 설명해 볼 테니 잘 들어봐!"

예를 들어 어떤 기업이 접대비 50만 원을 현금으로 지출했다고 하자. 이를 복식부기로 회계처리하면 다음과 같다.

이 회계처리는 차변에 접대비란 비용이 발생했고 대변에 현금이라는 자산이 감소했다는 것으로, 이중으로 파악할 수 있게 해 준다. 이와 같이 이중으로 기록하는 것을 회계 용어로 복식부기라고 한다. 이처럼 복식부기는 하나의 거래 내용을 장부에 두 번 나누어 기록(복식기입)하는 방식이다. 참고로 앞에서 차변은 왼쪽에, 대변은 오른쪽에서 처리하기로 미리 약속돼 있다. 영어 어원을 따져 보면 차변

'Debit'는 돈을 빌린 사람이고 대변 'Credit'는 돈을 빌려준 사람을 말한다. 따라서 차변과 대변의 의미는 결국 대변의 어느 과목으로 돈을 빌려 와 차변의 어느 항목으로 사용하는 것을 나타낸다고 할 수 있다.

실무에서는 차변과 대변을 구별하고 각 계정과목을 선택하며 금액을 결정하는 것을 '분개한다' 또는 '회계처리한다'라는 표현을 쓴다.

이상과 같은 내용을 가지고 간단한 분개의 예를 보자.

사례 ···

① 볼펜 10개를 1만 원에 현금으로 구입하다.

　　(차변) 소모품비 10,000　　　　　　　　(대변) 현금 10,000

차변에는 소모품비라는 비용이 발생했고, 대변에는 현금이라는 자산이 감소했다. 이렇게 동시에 차변과 대변으로 거래 내용을 기록하는 방식을 '복식부기'라 한다.

② 상품을 50만 원에 외상으로 팔다.

　　(차변) 외상매출금 500,000　　　　　　(대변) 매출 500,000

차변은 외상매출금이라는 자산이 발생했고, 대변에는 매출이라는 수익이 발생했다.

③ 에어컨을 110만 원(부가가치세 10만 원 포함)에 현금으로 샀다.

　　(차변) 비품(에어컨) 1,000,000　　　　(대변) 현금 1,000,000

　　(차변) 부가세 대급금 100,000　　　　(대변) 현금 100,000

차변은 에어컨이라는 자산이 증가했고, 대변은 현금이라는 자산이 감소했다. 또한 부가가치세는 나중에 환급이 가능하므로 차변에는 자산이 증가했고, 대변에는 부가가치세만큼 지출됐으므로 자산이 감소했다.

기업의 회계상의 모든 거래는 차변과 대변이 동시에 발생한다. 또 그 거래 내역은 다음처럼 8가지 요소가 결합돼 다양하게 나타난다.

차변	대변
1. 자산의 증가	5. 자산의 감소
2. 부채의 감소	6. 부채의 증가
3. 자본의 감소	7. 자본의 증가
4. 비용의 발생	8. 수익의 발생

거래 시 차변과 대변의 계정이 동시에 발생한다. 다만, 각 항목 간에 거래 빈도 수는 사안별로 다르다. 예를 들어 차변에서 비용이 발생(4)하고 동시에 대변에서 수익이 발생(8)하는 경우는 극히 드물다. 하지만 차변에서 자산이 증가(1)하고 대변에서 자산이 감소(5)하는 거래는 아주 흔하게 발생한다.

볼펜을 현금으로 구입한 경우 차변에는 소모품비라는 비용의 발생(4), 대변은 현금이라는 자산의 감소(5)로 분개한다. 또 상품을 외상으로 판매한 경우 차변은 자산의 증가(1), 대변은 수익의 발생(8)으로 처리한다. 이렇게 처리하면 어떠한 거래라도 차변금액과 대변금액이 일치한다. 이렇게 일치가 돼야 나중에 보게 될 재무제표나 장부 작성이 정확하게 된다.

복식부기에서는 이렇게 차변과 대변의 양측을 동시에 기록하고, 그 결과 차변금액과 대변금액이 일치하게끔 돼 있다. 만일 차변과 대변의 금액이 일치하지 않으면 기록상에 문제가 있는 것이다. 복식부기는 이러한 오류 등을 찾는 데 유용한 기록 방식이다.

참고로 복식부기에 대응되는 것이 단식부기이다. 이는 한 계정과목만을 위주로 기록하기 때문에 앞에서 보는 복식부기의 장점인 자기검증력이 미흡하다. 현재의 거의 모든 기업은 복식부기로 장부를 작성하고 있고, 일부 소규모 기업들은 단식부기인 간편장부를 위주로 장부를 작성하고 있다.

Tip **회계처리를 잘 하려면**

올바른 회계처리는 정확한 재무제표와 장부 작성을 위해 반드시 필요하다. 그래서 경영자나 실무자들은 회계처리 방법에 능통해야 한다. 이를 위해서 계정과목의 속성과 회계처리 방법을 숙지하는 것이 필요하다. 혹 실무적으로 어려운 계정과목이라면 기업회계기준(또는 기업회계기준서)과 관련 세법을 충분히 검토한 후 실무에 적용하면 될 것이다.

회계처리가 잘되면
분석이 쉽다

야무진한테 한 수 배운 이절세는 회계원리를 터득하기 위해 생각에 잠겼다.

'음, 일단 회계상 거래라고 인정되면 이를 회계처리해야 정리가 끝나는군. 그런데 그게 어떤 방식에 의해 재무제표로 변하지?'

이절세는 회계처리가 다 끝났는데 이제 어떻게 재무제표를 만들지 궁금해서 야무진에게 물었다.

"무진 씨, 이렇게 회계처리를 하면 어느 세월에 재무상태표나 손익계산서 같은 재무제표를 만들 수 있을까?"

"으응, 그건 말야. 아 참… 나 내일 돈이 좀 필요해."

이절세는 야무진의 이 말 한마디에 비상금 10만 원을 내주고야 말았다.

일단 앞처럼 회계처리가 되면 재무제표를 작성하기 위한 기본 데이터를 갖춘 셈이 된다. 그러면 이 회계 데이터가 데이터베이스에 보관돼 있으므로 사용자는 입맛에 맞게 가공해 사용하면 될 것이다. 만일 이 데이터 작업을 전산으로 했다면 그 가공 과정은 아주 손쉬운 절차로 끝나게 된다. 다음 그림을 보자.

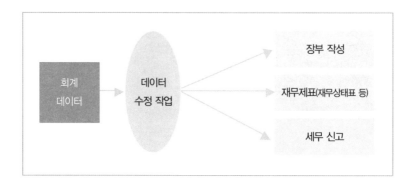

회계 데이터는 회계처리원칙(계정과목과 차·대변, 금액의 결정 등)에 따라 모인다. 데이터 수정 작업은 결산 시 '결산분개' 또는 '수정분개' 등을 통해 이루어진다.

그런데 실무자나 경영자들은 회계를 시작할 때 회계처리에 대해 의문을 갖는 일이 종종 있다. 왜 차변과 대변을 분리하고 계정과목명을 써서 골치 아프게 하는가? 그 이유는 앞에서 잠깐 살펴보았듯이 복식부기로 해야만 회계처리의 검증력이 높아지기 때문이다. 회계의 종착역은 그 기업의 이해관계자들에게 유용한 정보를 제공하는 것이다. 이때 정보가 오류투성이라면 회계가 존재할 이유가 있겠는가?

그러면 회계처리에서 어떻게 재무상태표도 나오고 손익계산서도 나올까? 회계상의 거래는 앞에서 보았듯이 재무상태표 항목과 손익계산서 항목이 동시에 일어나곤 한다.

예를 들면 인건비 지급이 그렇다. 인건비가 지급되면 다음과 같이 회계처리가 된다. 차변에 인건비라는 비용이 발생했고, 대변에는 현금이라는 자산이 감소했다.

(차변) 인건비 ×××　　　　　　　(대변) 현금 ×××

'인건비'는 비용 항목으로서 손익계산서의 '판매관리비' 항목으로, '현금'은 재무상태표상 자산의 항목으로 표시되고 있다.

손익계산서	재무상태표*
매출 　： 　： 판매관리비 　인건비 ×××	자산 　유동자산 　　현금 (×××)

* 중소기업회계기준에서는 대차대조표로 불린다. 이하에서는 재무상태표로 통일하여 사용하기로 한다.

물론 재무제표는 위와 같은 회계처리로만 작성되는 것이 아니라, 결산 때 처리해야 하는 것들(예: 감가상각비)을 추가해야 완벽한 재무제표가 작성된다.

결국 회계처리가 빈틈없이 진행된다면 재무상태표나 손익계산서 등을 쉽게 작성할 수 있는 기틀을 갖춘 셈이 된다. 그 이후는 미리 준비한 재무상태표 등의 양식에 데이터를 채워 넣기만 하면 된다. 다만 유용한 정보가 되기 위해서는 데이터가 신뢰성이 있어야 하고 회계기준 등에서 요구하는 방식대로 처리할 필요가 있다. 따라서 경영자나 실무자들은 기업회계기준이나 세법 등의 내용을 100% 이해하고 이를 자기 회사에 유리하게 활용할 필요가 있다.

일반기업회계기준은 '주식회사의 외부감사에 관한 법률'의 적용 대상 기업(자산 120억 원 이상 등 요건을 충족한 기업) 중 한국채택국제회계기준에 따라 회계처리하지 아니하는 기업(비상장기업)에게 적용된다. 일반기업회계기준은 주제별로 별도의 장으로 구성되며, 각 장은 본문과 부록(결론도출근거, 실무지침 및 적용사례)으로 구성된다. 이에 반해 외감법상의 감사를 받지 않은 중소기업(자산 120억 원 이상 등 요건을 불충족한 기업)에 대해서는 법무부에서 마련한 중소기업회계기준을 적용하게 된다. 중소기업회계기준은 일반기업회계기준과 대동소이하다. 한편 상장기업 등에 적용되는 국제회계기준(IFRS)의 특징에 대해서는 46쪽을 참조하자. 한국이 채택한 국제회계기준을 K-IFRS라고 한다.

참고로 기업회계기준과 세법 간에 충돌이 일어날 수 있다. 이런 경우에는 각자의 목적에 맞게 충실하게 처리해야 한다(실무적으로는 세법의 내용을 회계에 많이 반영하고 있다).

계정과목은
왜 그리 복잡할까

"이절세 팀장님, 계정과목이 너무 많아 어려워요."

"어허, 왕초보. 그 계정과목들을 낱낱이 살펴보면 아주 유용한 정보가 많이 담겨 있다는 것을 알 거야. 우선 이 회사는 인건비를 얼마 지출했고 복리후생비를 얼마나 썼는지도 알 수 있어. 또 차입금 중 단기차입금이 얼마고 장기차입금이 얼마인지도 알 수 있지. 계정과목이 나누어져 있어야 재무제표를 통한 다양한 분석을 할 수 있어."

계정과목은 재무상태표와 손익계산서의 항목을 세부적으로 나타내기 위한 단위이다. 그런데 계정과목이 세 분류를 거치다 보니 때에 따라서는 매우 복잡하게 보인다. 하지만 계정과목이 분류되는 원리를 이해한다면 아무리 큰 기업의 재무제표도 그 구조를 확장한 것에 불과하다는 사실을 알게 될 것이다.

아래 구조는 재무상태표의 자산계정을 '대분류 → 중분류 → 소분류 → 세분류'로 나누어 보여 주고 있다.

예를 들면 '현금'이라는 자산은 '현금 및 현금성자산'에 속하고 현금 및 현금성자산은 당좌자산, 유동자산, 자산계정에 순차적으로 속한다. 물론 나중에 재무상태표 등의 양식을 보게 되면 이들의 모습이 일정한 순서대로 얌전히 들어가 있음을 알게 될 것이다. 재무상태표 등 재무제표도 공적인 서류이다. 따라서 이를 작성할 때 보는 사람들이 혼란스럽지 않도록 계정과목의 위치에 맞게 적어 넣어야 한다.

초보자라도 조금만 노력하면 재무상태표 항목과 손익계산서 항목 정도는 쉽게 구분할 수 있다. 그런데 초보자들이나 어느 정도 경험이 있는 실무자들에게 다소 어려운 계정과목들이 있다.

예를 들면 '이연법인세'나 '매도가능증권평가손익' 등 일반 소규모 기업에서는 생전 듣도 보도 못한 과목들이다. 이러한 과목들은 각 기업의 재무제표를 국제적 회계기준에 맞추기 위해 도입된 것들이다.

따라서 언젠가는 이러한 회계계정과목에 맞닥뜨릴 가능성이 높다. 그래서 기회가 되는 대로 이러한 과목을 잡으려는 노력을 할 필요가 있다. 우리와 관련 없다고 등한시하다간 나중에 더 큰 비용을 치를 수가 있다(경력관리를 하는 사람들은 더더욱 노력해야 한다).

참고로 재무상태표계정과 손익계산서계정은 다음과 같이 분류된다. 자세한 것들은 뒤에서 알아보겠다.

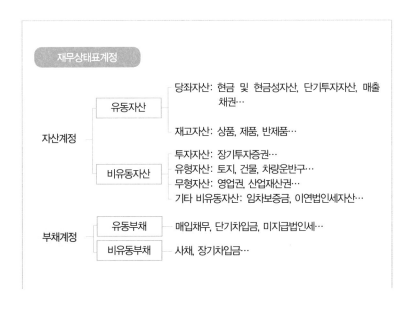

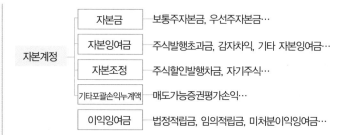

※ 재무상태표계정은 크게 자산과 부채 및 자본으로 분류가 된다. 자산은 유동자산과 비유동자산으로 구분된다. 부채는 유동부채와 비유동부채로, 자본은 자본금과 자본잉여금, 자본조정, 기타포괄손익누계액, 이익잉여금으로 구분된다. 재무상태표계정은 재무상태를 표시하는 데 필요하다. 참고로 중소기업회계기준에서는 관리가 어려운 매도가능증권평가손익(기타포괄손익)을 당기손익에 반영하여 처리할 수 있도록 하였다. 다만, 세법은 당기손익에 처리하는 것을 허용하지 않으므로, 일반기업회계기준을 적용하더라도 문제가 없을 것으로 보인다. 한편 K-IFRS에서는 자본 항목을 크게 납입자본금, 이익잉여금, 기타자본구성요소로 분류하고 있다.

손익계산서계정

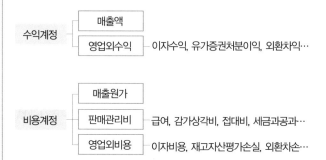

※ 손익계산서계정은 크게 수익과 비용계정으로 나눈다. 수익에는 매출액, 영업외수익 등이, 비용에는 매출원가, 판매관리비, 영업외비용 등이 있다. 손익계산서계정은 당기 경영성과를 측정하는 데 필요하다. 참고로 K-IFRS에서는 손익계산서를 포괄 손익계산서로 부르며 비용계정을 성격별 또는 기능별로 분류하고 있다(74쪽 참조)

어, 나도
회계처리가 되네

"아무리 계정과목을 많이 알고 있다 해도 회계처리를 할 수 있어야 되는 것 아닌가요?"

왕초보는 계정과목의 의미를 이해하고는 이절세 팀장에게 질문을 던졌다.

"뭐, 차변과 대변의 원리를 알았겠다. 계정과목의 체계도 이해했겠다. 그러면 당연히 회계처리를 할 수 있는 것 아닌가?"

이 팀장은 자신이 실제로 회계처리를 해 본 적은 없었다. 물론 회계 처리와 재무제표가 서로 연관돼 있어 회계처리의 중요성을 알고 있었다. 하지만 회계는 눈으로 하는 것이 아니라고 하지 않았는가! 경영자든 실무자든 회계처리 방법에 능숙해야 한다. 하나의 회계처리 결과는 바로 재무제표에 큰 영향을 줄 수 있다.

따라서 비일상적인 회계 처리는 사전에 처리방법을 숙지한 후 작

업해야 한다. 그렇다면 실무적으로 어떻게 하면 회계처리를 쉽게 할
수 있을까? 다음과 같은 절차를 생각해 보자.

첫째, 금액을 결정해 보자. 금액은 구체적으로 지급할 금액 또는 금액이 확실한
때 결정된다. 이를 '손익의 귀속시기'라고 한다.

둘째, 차변과 대변에 올 계정과목을 정하자. 사실 이 부분이 실무적으로 어렵다.
단순한 경비지출이야 문제가 없지만, 어려운 재무상태표계정이 오면 이를
해결하기가 상당히 벅찰 수 있다. 예를 들면 '지분법적용투자주식'이나 '이연법인세'
등이 그렇다. 물론 이를 해결하기 위해서는 이론과 실무를 병행해 해결할 수밖에
없다.

셋째, 결정된 계정과목이 재무제표에 어떤 영향을 주는지 사전에 이해할 필요가
있다. 예를 들어 유가증권은 기말 시점에 평가를 해 변동된 금액을 차변의 자산에
반영하게 된다. 그런데 상대 계정인 대변은 이를 당기손익에 넣어야 할지 아니면
자본조정에 넣어야 할지 그것이 중요하다. 단기매매증권 같은 경우 당기손익에
넣어야 하므로 순이익이 변동된다. 하지만 매도가능증권의 경우 평가손익은
자본조정(2025년 현재는 기타포괄손익누계액)에 반영해야 하므로 당기손익과는
관계가 없다. 이렇듯 어떻게 회계처리를 하는가에 따라 재무제표의 모습이 확
달라지는 것이다. 따라서 정확한 재무제표를 위해서는 사전에 계정과목 검토가
필요할 것이다.

참고로 재무상태표상의 계정과목이나 금액은 계속 변할 수 있다는 사실에 주목할
요가 있다. 당초 취득한 자산이나 부채라도 가치가 변동하면 자산 등이 증감할 수
있다. 또 외상대금을 받거나 지급하는 등의 행위가 일어나면 해당 계정과목이
소멸하기도 한다. 따라서 회계처리는 거래의 흐름 속에서 살펴보는 것이 도움이
될 것이다.

이 같은 절차를 통해 급여와 관련된 회계처리를 보자.

일단 급여는 사전에 금액 등이 결정된다. 그런데 지급 시에는 다음

과 같이 부채에 해당하는 예수금을 원천 공제해야 한다. 왜 공제를 할까?

예를 들어 급여는 500만 원이나 종업원 등에게 실제 지급되는 돈은 세금과 4대 보험료를 차감한 잔액이다. 그렇다면 나머지 돈의 성격은 무엇인가? 그 돈은 국가나 보험공단에 주어야 하는 돈이다. 회사로서는 지급의무가 있으므로 부채에 해당한다. 따라서 구체적인 계정과목은 남의 돈을 일시적으로 예수(미리 받음)했으므로 '예수금'으로 처리한다. 다만, 대변의 예수금은 '예수금'이라는 하나의 계정으로 처리할 수 있으나 잔액관리를 위해 항목별로 관리하면 실무상 유용할 것이다.

한편 차변의 급여는 발생 원천에 따라 제조원가 또는 판매관리비의 노무비나 급료로 처리가 된다. 제조원가의 노무비는 생산직, 판매관리비의 급료는 일반직에 종사한 임직원의 급여에 대한 계정과목명이다(실무적으로 제조과정이 있는 기업은 이런 경비 구분도 중요하다).

(차변) 급료 5,000,000   (대변) 소득세 예수금 100,000

(판매관리비)   지방소득세 예수금 10,000

국민연금 예수금 162,000

건강보험료 예수금 100,000

고용보험료 예수금 20,000

현금 4,608,000

이렇게 급여 지급에 대한 회계처리를 한 후, 떼어 놓은 예수금을 지급할 때 다음과 같이 회계처리를 한다. 예를 들어 다음달 10일에 납부되는 소득세와 지방소득세를 보자.

(차변) 소득세 예수금 100,000   (대변) 현금 110,000

지방소득세 예수금 10,000

이렇게 되면 급여 지급 시 대변에 있던 소득세 등의 예수금이 차변으로 처리가 돼 예수금의 잔액은 '0원'이 된다. 실무적으로 회계처리를 할 때는 회계 이외에 관련법들을 이해하고 있어야 한다. 앞에서 세금이나 4대 보험료를 원천 공제해야 하는데 이를 얼마만큼 해야 하는지는 관련법에서 정하고 있기 때문이다.

간단한 회계처리를 해 보자. 실무에서는 지출결의서나 전표 등을 작성한 후 전산회계를 통해 데이터를 관리하게 된다(자세한 것은 제7장 참조).

1. 회사에서 자동차를 현금으로 샀다. 회계처리를 해 보라.
   취득가액: 20,000,000
   부가가치세: 2,000,000(환급 불가능)
   취득세 등 부대비용: 1,000,000
2. 접대비 10만 원을 카드로 사용했다.
3. 해송(주)에 컴퓨터 1대를 다음과 같이 외상으로 매출했다.
   공급가액 1,000,000, 부가가치세 100,000
4. 위 해송(주)의 외상대가 회수되다.
5. 위 접대비가 카드 결제일에 통장에서 지급됐다.

답

1. (차변) 차량운반구 23,000,000　　(대변) 현금 23,000,000
   부가가치세가 환급이 되지 않으면 이는 취득원가에 산입된다. 또한 취득 당시에 들어가는 부대비용도 취득원가를 구성한다.
2. (차변) 접대비 100,000　　(대변) 미지급금 100,000
   접대비가 발생했으나 아직 지급기일이 도래하지 않았으므로 부채인 미지급금으로 처리한다.
3. (차변) 외상매출금 1,100,000　　(대변) 매출 1,000,000
   　　　　　　　　　　　　　　　　　　부가세 예수금 100,000
4. (차변) 현금 1,100,000　　(대변) 외상매출금 1,100,000
5. (차변) 미지급금 100,000　　(대변) 보통예금 100,000

현금시재
맞추기

"그런데 팀장님, 제 친구 한 명이 경리팀에 근무하는데 현금시재(現金時在) 맞춘다고 늦게까지 일을 하더라구요. 1만 원도 안 되는 돈이 틀렸다고 그렇게 쩔쩔 매는 것을 보니 그 친구 참 안됐다는 생각이 들지 뭡니까."

"이봐, 왕초보! 그러니까 자네가 초보라는 소리를 듣는 거야. 현금시재 1만 원 안 되는 돈이 틀렸다는 것은 그만큼 회계 시스템이 정착이 안 됐다는 것을 의미하는데 돈의 액수가 문제되겠어? 현금거래는 수없이 일어나는데 그중 한 건 때문에 현금시재가 안 맞았는지, 아니면 전체 입금과 출금 거래가 제대로 안 돼 안 맞았는지에 따라 그 차이는 어마어마할 텐데……. 이렇게 입출금 시스템이 정착되지 않으면 언제라도 현금사고가 발생할 수 있으니 문제가 아주 심각할 수 있어."

"아, 팀장님. 이면에 그런 무시무시한 사실이 숨어 있다니 놀랄 따름입니다. 제 짧은 생각으로는 경영자가 특히 현금시재에 대해 잘 알아 둘 필요가 있을 것 같습니다. 현금이 밖으로 새면 안 되니까요."

"맞아. 그래서 대부분의 회사는 자금통제를 여러 각도에서 진행하고 있지. 예를 들면 돈이 들어오는 통로를 점검하고 입금과 출금 때 지침을 마련해 시행도 하고 수시로 실물과 장부를 대조하기도 하지."

"팀장님, 그러면 틀린 입출금 내역은 어떻게 빨리 찾을 수 있을까요? 제 친구한테 얘기를 해 주면 아주 좋아할 것 같은데요."

"어, 그것은……"

이절세 팀장은 쉽게 답변을 할 수 없었다.

경리 초보자들이 일을 진행하다 보면 여러 가지 이유 때문에 보유한 돈과 장부상의 돈이 맞지 않는 경우를 종종 발견하게 된다. 이런 현상은 회사 설립 초기에 회계 시스템을 갖추지 못한 상태에서 지출 등이 일어나도 마찬가지가 된다.

이런 상황이라면 시재가 일치되지 않는 시점 이후부터 그 원인을 밝혀내는 것이 중요하다.

일반적으로 시재가 맞지 않는 예는 회사로 입금은 됐는데 입금 처리가 누락되거나 경비지출은 안 됐는데 영수증 처리를 한 경우가 있다. 또 이와 반대로 입금은 되지 않았는데 매출에 대한 입금 처리를 하거나 경비지출은 되었는데 영수증 처리가 안 된 경우들이 있다.

특히 법인회사의 경우에는 철저하게 통장의 입출금 내역에 따라 회계처리가 이루어지나 연말 때는 발생주의에 의해 수익과 비용을 결산서에 반영하는 경우가 있다. 그런데 이런 결산전표가 현금의 유입과 유출로 처리되는 경우도 발생한다.

그렇다면 시재가 틀린 경우 어떻게 이를 바로잡을까?

일반적으로 시재가 틀렸다고 판명되더라도 회사가 계속 굴러가는 한 현금의 유출입이 지속적으로 일어난다. 따라서 시재가 틀린 시점에서 그 이전의 거래를 점검하면 오류를 찾아내기 쉬울 수 있다. 하지만 시재가 틀린 지 오래됐다면 그 오류를 찾아내기가 여간 쉽지 않다. 이런 상황이라면 틀린 시점에서 다음과 같은 전표 한 장을 끊어 일단 실물시재와 장부시재를 맞춰 놓는다. 예를 들어 장부상 시재에 비해 보유한 시재가 10만 원 적다고 하자.

(차변) 가지급금 100,000 　　　(대변) 현금 100,000

이렇게 회계처리를 하면 장부상 시재와 보유한 시재가 일치한다. 따라서 이 전표를 처리한 이후는 시재관리가 제대로 진행될 것이다. 그렇다면 과거의 틀린 부분은 어떻게 처리할까?

일단 그 원인을 찾아낼 수밖에 없다. 그 원인을 찾는 방법은 과거의 입출금 내역과 증빙 등을 대조하고 누락된 회계처리가 없는지 등을 점검한다.

그렇게 해서 만일 접대비 명목으로 현금 10만 원이 나갔지만 이를 처리하지 못했다면 다음과 같이 회계처리를 한다.

(차변) 접대비 100,000 　　　(대변) 가지급금 100,000

만일 대표이사가 가지고 나간 돈이었다면 가지급금 계정으로 두었다고 입금을 독촉하거나 연말 결산 때 단기대여금으로 계정대체를 하면 될 것이다. 그런데 만일 그 원인이 오랫동안 밝혀지지 않으면 어떻게 될까? 이런 경우라면 중요성의 관점에 따라 해당 계정을 잡이익이나 잡손실로 대체하면 될 것이다.

또 다른 예를 하나 들어보자. 만일 장부상 시재보다 보유한 시재가 10만 원 더 많다면 어떻게 할까? 이런 상황이라면 장부상 시재를 현금으로 하고 대변은 예수금(또는 가수금)으로 한다.

(차변) 현금 100,000   (대변) 예수금 100,000

이렇게 회계처리를 하면 장부상 시재와 보유한 시재가 일치된다. 따라서 그 이전의 처리에 대해서는 앞과 같은 방식으로 차이분을 조정하면 될 것이다.

국제회계기준(K-IFRS)의 도입 내용, 실익과 문제점

국제회계기준을 영문으로 풀면 'International Financial Reporting Standards(IFRS)' 이다. 그리고 우리나라가 도입한 국제회계기준의 경우 IFRS 앞에 'K'를 붙여 K-IFRS(한국채택국제회계기준)라고 부르기도 한다.

① K-IFRS의 주요 내용

한국이 도입한 국제회계기준에 대한 주요 내용을 요약하면 다음과 같다.

항목	K-IFRS (한국채택국제회계기준)	K-GAAP (종전 기업회계기준)	관련 항목
공시체계 차이	연결재무제표를 기본재무제표로 함	개별재무제표를 원칙으로 함	연결재무제표 작성범위, 지분법 등
자산·부채의 평가방법 차이	공정가치 평가를 강조함	객관적 평가가 어려운 항목은 취득원가 평가	투자부동산, 금융부채, 유형자산 등
정책적 목적에 따른 기준의 차이	거래의 실질에 맞는 회계처리 방법을 규정	일부 항목에 대해 특정 회계처리를 규제	금융회사의 대손충당금, 상환우선주의 자본처리 등

앞으로 개별재무제표 대신 연결재무제표가 주재무제표가 되며, 대부분의 자산과 부채가 공정가치로 평가된다. 그리고 기업들은 거래의 실질에 맞게 자율적으로 회계 처리를 할 수 있게 되었다.

② IFRS 도입에 따른 실익

일단 국내 기업도 세계 유수 기업과 동일한 잣대로 비교평가되어 기업의 경쟁력을 높일 수 있게 되었다. 또한 연결재무제표가 주재무제표가 됨에 따라 기업의 지배 구조 개선에도 도움이 될 전망이다. 이 외 해외시장에 상장된 한국 기업들의 재무 제표 이중 작성 부담이 줄어들거나 내부 경영시스템 등이 획기적으로 개선될 가능 성도 높다.

③ IFRS 도입에 따른 문제점

각 기업이 자율적으로 회계처리를 하다 보니 기업 간 비교 가능성이 떨어져 재무 분석에 어려움이 있을 가능성이 높다. 또한 국제회계기준 도입에 따라 회사들이 내 는 법인세에도 많은 영향이 미칠 것으로 보인다. 이 외에도 실무자들이 업무 부담 이 늘어나는 것도 문제점으로 지적되고 있다.

2장

재무제표를 알아야 경영 마인드가 생긴다

재무제표란

"팀장님, 재무제표가 뭐길래 사람들이 재무제표, 재무제표 그러나요?"

"어, 그것은 재무제표가 기업의 얼굴이기 때문이지."

"에이, 팀장님. 저 초보라고 놀리시는 거죠. 어찌 재무제표가 기업의 얼굴이 됩니까?"

"아이고 왕초보, 잘 생각해 봐. 기업을 바라보는 사람들이나 기관 등이 많다고 했지? 이들을 모두 이해관계자라고 하는데, 이들의 속셈은 모두 따로따로야. 어떤 사람들은 그 기업에 납품을 해서 돈을 제때 받을 수 있는지, 돈을 빌려주면 이자를 제대로 받을 수 있는지, 또 투자를 하면 배당을 받을 수 있는지 등이 궁금하겠지. 그러니 그 기업의 내용이 좋아야 사람들이 달려들지 않겠어? 그렇다면 그 기업은 무엇으로 자기 회사가 좋다는 것을 알릴까?"

"아, 팀장님. 그게 바로 재무제표라는 거죠? 아하! 그러는 의미에서 얼굴이라고 하셨군요. 그리고 보니 저처럼 늠름하게 생긴 사람들이 많은 사람한테 주목을 받는 것과 같은 이치이군요."

기업을 운영하면 필수적으로 기업의 재무상태와 경영실적을 사업연도로 나눠 따져 볼 필요가 있다. 대부분 기업에서는 1년을 기준으로 재무제표를 작성해 이를 확인한다.

재무제표[1]는 재무상태표,[2] 손익계산서,[3] 이익잉여금처분계산서(현재는 재무제표에서 제외), 현금흐름표,[4] 주기[5]와 주석[6]을 말한다. 현재 시점의 재무제표 종류에는 주기가 삭제되고 자본변동표[7]가 추가되었다(중소기업회계기준상의 재무제표는 대차대조표, 손익계산서, 자본변동표 또는 이익잉여금처분계산서를 말한다). 자본변동표는 254쪽에서 대략적인 구조를 살펴볼 수 있다.

그렇다면 이상과 같은 재무제표들은 어떤 모습을 하고 있는지 재무상태표와 손익계산서 그리고 현금흐름표를 살펴보도록 하자.

먼저, 재무상태표는 일정 시점에 기업의 재무상태를 보여 주는 표를 말한다. 여기서 재무상태란 주로 돈이 어떻게 조달돼 어떤 자산에 투입됐는가를 일컫는 개념이다. 재무상태표의 구조는 다음과 같이

---

1) 財務諸表, Financial Statements, F/S
2) 財務狀態表, Statement of Financial Position
3) 損益計算書, Income Statements, I/S
4) statement of cash flow
5) 註記
6) 註釋, foot notes
7) 資本變動表

단순하게 표현할 수 있다.

자산의 구성(차변)	자본의 구성(대변)
자산	부채
	자본

　왼쪽은 자산이고 오른쪽은 자본을 말한다. 물론 여기서 자본은 남의 자본인 부채와 나의 자본인 자본(자기자본이라고 한다)으로 구분할 수 있다.

　따라서 재무상태표는 오른쪽 자본으로 왼쪽의 어떤 자산을 취득했는지를 나타내는 표이다. 다음의 예로 자산과 자본의 관계를 확실히 알아보자.

　○○기업은 5,000만 원을 자본금으로 출자했다. 그리고 은행으로부터 3,000만 원을 대출받아 임차보증금 5,000만 원과 집기비품 1,000만 원을 취득했다. 이를 재무상태표 형식으로 표현하면 다음과 같다.

자산의 구성(차변)		자본의 구성(대변)	
자산		부채	
현금	2,000만 원	대출금	3,000만 원
집기비품	1,000만 원	자본	
임차보증금	5,000만 원	자본금	5,000만 원
자산계	8,000만 원	부채와 자본계	8,000만 원

　자본금(내 돈) 5,000만 원과 부채 3,000만 원 등 총 8,000만 원이 자

산인 현금과 집기비품과 임차보증금에 사용됐음을 알 수 있다.

둘째, 손익계산서를 보자.

손익계산서는 한 회계기간(통상 1년) 동안에 경영 활동을 펼친 결과 벌어들이는 이익을 나타내는 표를 말한다. 이익은 앞에서 보았던 것처럼 기본적으로 수익에서 비용을 차감해 계산하는 것이다. 쉽게 말하면 우리가 벌어들이는 수입에서 비용을 공제한 것이 순수한 소득이 되는 것이다. 이러한 이익이 커야 부자 회사가 되는 것은 말할 것도 없다. 손익계산서의 구조를 간단히 표현하면 다음과 같다.

수익
− 비용
= 이익

셋째, 현금흐름표를 보자.

현금흐름표는 앞의 재무상태표와 손익계산서에서 얻을 수 없는 정보인 기업의 현금흐름을 나타내는 표이다. 이는 한 회계기간 동안 현금이 어떻게 조달돼 어디에 얼마만큼 쓰였는가를 보여 준다. 사업연도 중의 현금흐름은 다음과 같이 영업활동, 투자활동, 재무활동으로 나눠 파악한다.

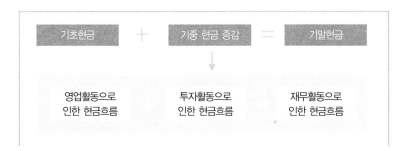

① 영업활동으로 인한 현금흐름

　이는 주로 제품이나 상품의 구입 및 판매의 결과에 따른 현금흐름(유입과 유출)을 말한다.

② 투자활동으로 인한 현금흐름

　이는 현금의 대여, 대여금의 회수, 유가증권 및 비유동(고정)자산의 취득과 처분 등과 같이 일반적으로 비유동(고정)자산에 영향을 미치는 거래로 인한 현금흐름을 말한다.

③ 재무활동으로 인한 현금흐름

　여기에는 현금의 차입과 차입금의 상환, 신주 발행, 배당금의 지급 등과 같이 비유동(고정)부채 및 자본에 영향을 미치는 거래를 포함한다.

Tip　　　**경영과 재무제표의 관계**

회계는 경영의 산물이다. 즉 경영 활동이 없다면 회계는 발생하지 않는다. 회계는 경영의 의도를 담고 있다. 경영자가 사업계획 등을 통해 의도했던 결과들을 반영하기 때문이다.

그래서 회계 과정을 담고 있는 재무제표를 보면 경영 과정 및 성과를 알 수가 있고 어느 정도 앞날을 예측할 수 있다. 예를 들어 과거의 기록을 담고 있는 재무제표에 추정치를 덧붙이면 미래의 것으로 변한다.

따라서 재무제표는 경영을 함축하고 있는 것으로서 경영자들에게 중요한 경영 도구라고 할 수 있다.

탄탄한 기업을 만드는
재무제표 활용 기술

왕초보가 깊은 생각에 잠겨 있다.

'음, 지금까지 계정과목을 분류하고 회계처리를 하는 것은 재무제표를 탄탄하게 만들기 위한 것이었어. 그런데 재무제표가 생각보다 복잡하군. 이런 것들을 모두 알아야 되나?'

앞에서 본 것처럼 재무제표에는 재무상태표 등을 포함해 몇 가지 종류가 있다. 그렇다면 왕초보의 생각처럼 이러한 재무제표를 모두 알아야 할까? 결론은 그렇다. 하지만 회계 초보자들이나 개인기업체 또는 외부 회계감사를 받지 않는 법인기업들은 이 중 재무상태표와 손익계산서만이라도 반드시 이해하는 것이 좋다.

먼저 앞의 재무상태표 구조를 확장해 보자.

자산	부채
Ⅰ. 유동자산	Ⅰ. 유동부채
⑴ 당좌자산	1. 외상매입금
1. 현금	2. 예수금
2. 매출채권	Ⅱ. 비유동부채
(대손충당금)	1. 장기차입금
⑵ 재고자산	2. 퇴직급여충당금
1. 상품	**자본**
2. 제품	Ⅰ. 자본금
Ⅱ. 비유동자산	Ⅱ. 자본잉여금
⑴ 투자자산	1. 주식발행초과금
1. 장기금융상품	2. 감자차익
2. 장기투자증권	Ⅲ. 자본조정
⑵ 유형자산	1.주식발행할인차금
1. 설비자산(감가상각누계액)	Ⅳ. 기타포괄손익누계액
2. 기계장치(감가상각누계액)	1.매도가능증권평가손익
⑶ 무형자산	Ⅴ. 이익잉여금
1. 영업권	1. 법정적립금
⑷ 기타비유동자산	2. 차기이월이익잉여금(당기순이익 포함)
자산계	**부채와 자본계**

　재무상태표는 왼쪽 자산의 합계액과 오른쪽 부채와 자본의 합계액이 일치한다. 따라서 당기순이익이 전기보다 10억 원이 늘었다면 왼쪽의 자산도 그만큼 늘어날 것이다.

　한편 구체적으로 자산을 보면 자산은 크게 유동자산과 비유동자산으로 나뉜다. 유동자산은 주로 재무상태표일(12/31)로부터 1년 내 현금화되는 자산들로 현금, 단기금융상품, 재고자산 등이 있다. 비유동자산은 비교적 장기간 자금들이 묶여 있는 자산을 말한다. 결국 이러한 자산들은 경영 과정에서 필수적으로 필요한 자산들이므로 이들이 활기를 잃지 않도록 하는 것이 필요하다. 자산이 늘 활기차게 움직여야 돈이 굴러 오기 때문이다.

부채는 보유한 돈을 지급해야 하는 의무를 나타내므로 적정한 부채 관리가 필수이다. 과중한 부채로 현금흐름이 불량하지 않도록 신경 쓸 필요가 있다.

자본은 주주들이 회사에 투자한 자본금과 자본거래와 손익거래에서 발생한 이익잉여금 등으로 구성된다. 자본이 늘어나면 그만큼 자산이 늘어나 우량기업으로 인정을 받을 수 있다. 따라서 경영자나 실무자들은 자본이 축소되지 않는지 등을 검토해야 할 것이다.

다음으로 손익계산서의 구조를 좀더 확장해 보자.

Ⅰ. 매출액		×××
Ⅱ. 매출원가		
기초제품재고액	×××	
당기제품제조원가	×××	
기말제품재고액	(×××)	×××
Ⅲ. 매출총손익	×××	
Ⅳ. 판매관리비	×××	
Ⅴ. 영업손익	×××	
Ⅵ. 영업외손익	×××	
Ⅶ. 영업외비용	×××	
Ⅷ. 법인세차감전계속사업손익	×××	
Ⅸ. 계속사업손익법인세비용	×××	
Ⅹ. 계속사업손익	×××	
Ⅺ. 중단사업손익	×××	
Ⅻ. 당기순손익	×××	
ⅩⅢ. 주당손익	×××	

※ 참고로 국제회계기준에 의한 포괄손익계산서 형태는 74쪽을 참조하자.

위를 보면 이익은 '매출총이익 → 영업이익 → 법인세비용차감전계속사업손익 → 당기순이익 → 주당손익'으로 나눠지고 있다. 그러면 왜 앞에서 본 것처럼 '수익 - 비용'으로 이익을 계산하지 않을까?

이렇게 구분하는 이유는 정보의 유용성을 높이기 위해서이다. 즉 앞의 이익 종류마다 그들이 가진 정보의 속성이 다르다. 예를 들어 영업이익은 기업이 주된 사업으로 벌어들인 이익을 말한다. 그리고 법인세차감전계속사업손익(중단사업이 있는 경우는 법인세차감전손익을 말함)은 영업이익에서 영업외비용과 영업외수익을 반영한 것을 말한다. 그런데 이 둘의 이익의 의미는 실로 많은 차이가 있다.

영업이익은 100억 원 흑자가 났는데, 계속사업손익은 200억 원 적자가 났다고 해 보자. 이 기업은 영업외비용 중 이자비용이 차지하는 비중이 컸을 가능성이 있다. 그렇다면 이 기업은 주업을 통해 열심히 돈을 벌었지만 이자도 못 내는 기업에 해당할 가능성이 있다. 못 미더우면 당장 이 기업의 재무상태표의 부채 항목을 보면 된다. 차입금이 크게 자리 잡고 있을 것이다. 따라서 이런 상황이라면 차입금을 상환하는 데 많은 노력을 기울여야 할 것이다.

그런데 역으로 영업이익은 200억 원 결손인데, 계속사업손익은 100억 원 흑자가 났다면 이것은 무엇을 의미하는가? 이는 영업외의 수익이 많이 발생한 결과다. 예를 들면 부동산을 처분해서 그렇게 될 수 있다. 그렇다면 내년의 계속사업손익을 추정할 때 부동산처분이익을 고려할 것인가? 물론 부동산이 많다면 그것을 기대하겠지만 그렇지 않다면 이를 제외할 것이다. 그렇게 되면 이 기업에 대한 전망은 비관적으로 바뀔 가능성이 높다. 따라서 이런 상황이라면 영업이익(특히 매출증가)을 늘리는 데 최선을 다해야 할 것이다.

실무적으로 어떤 기업이 튼튼한지를 알려면 이외에도 현금흐름표를 이해할 필요가 있다. 아무리 이익이 많아 보이더라도 현금흐름이 뒷받침되지 않으면 하루아침에 기업이 도산할 수도 있기 때문이다.

앞에서 본 현금흐름표의 기본 구조를 구체적으로 표현하면 다음과 같다.

과목	제1(당)기	
	금액	
I. 영업활동으로 인한 현금흐름		
1. 당기순이익		
2. 현금의 유출이 없는 비용[1] 등의 가산		
3. 현금의 유입이 없는 수익[2] 등의 차감		
4. 영업활동으로 인한 자산·부채의 변동		
매출채권의 감소(증가)		
II. 투자활동으로 인한 현금흐름		
1. 투자활동으로 인한 현금유입액		
건물의 처분		
2. 투자활동으로 인한 현금유출액		
유가증권의 취득		
III. 재무활동으로 인한 현금흐름		
1. 재무활동으로 인한 현금유입액		
주식의 발행		
2. 재무활동으로 인한 현금유출액		
단기차입금의 상환		
IV. 현금의 증가(감소)(I + II + III)		
V. 기초의 현금		
VI. 기말의 현금		

1) 현금의 유출이 없는 비용의 예: 감가상각비, 대손상각비, 단기매매증권평가손실, 퇴직급여충당금 전입액 등
2) 현금의 유입이 없는 수익의 예: 단기매매증권평가이익, 사채상환이익 등

현금흐름표는 영업활동, 투자활동, 재무활동으로 구분해 현금흐름을 나타내는 표이다. 그런데 현금흐름을 좋게 하기 위해서는 이 표를 잘 이해할 필요가 있다. 우선, 회사가 사용하는 현금은 주로 영업활동에 좌우되므로 영업활동에 의한 현금흐름을 호전시키는 것이 필요하다. 매출을 증가시켜 이익을 늘리되 그 이익이 빨리 현금화되도록 노력해야 한다.

한편 투자활동이나 재무활동도 기업의 현금흐름에 영향을 준다. 만일 이런 활동에서 현금흐름을 좋게 하기 위해서는 보유한 고정자산이나 투자자산을 매각하거나 단기차입금을 장기차입금이나 유상증자로 돌리는 등의 활동이 있어야 한다.

Tip 흑자도산에서 벗어나는 방법

아무리 손익계산서상의 이익이 많아 보여도 현금흐름이 뒷받침되지 않으면 회사는 어려움에 빠질 수 있다. 현금흐름표는 이 같은 상황을 미리 내다볼 수 있는 정보를 제공해 준다. 예를 들어 ○○기업에서 당기순이익은 10억 원이나 매출채권이 10억 원 증가했다면 이 기업의 영업현금으로 인한 현금유입액은 0원이 된다. 따라서 이 기업은 부족한 자금을 외부로부터 조달할 수밖에 없다. 그렇게 되면 영업활동으로 벌어들인 돈으로 원리금을 내야 한다. 만일 그 와중에 자금조달과 자금상환 스케줄이 꼬이게 되면 부도를 낼 수도 있다.

경영자나 실무자들은 영업활동으로 인한 현금흐름이 문제가 없는지 수시로 점검하는 것이 좋다. 인체의 혈액에 비유되는 곳이 막혀 있다면 뚫어 주어야 건강해지듯이 기업도 돈줄이 막힌 곳을 뚫어 주어야 건강해진다.

자산과 부채가 경영성과와
기업가치를 결정한다

"여보, 요즘 왕초보와 같이 회계에 대해서 얘기를 많이 나누는데 전에 몰랐던 사실들을 알게 돼서 뿌듯한 것 있지."

"어, 그래? 예를 들면 어떤 거?"

"으음, 회계원리도 그렇고 또 재무제표 구조도 그렇고……."

"그런 것들은 이미 알고 있는 내용 아니야? 가만있어 봐. 얘기 나온 김에 하나 물어볼게. 자산과 부채가 손익계정의 항목과 연결된 것 알아? 또 제조원가명세서와 이익잉여금처분계산서가 연결된 것도 알아?"

"그야, 뭐, 그렇지."

잠시 뒤에 보면 알게 되겠지만 기업의 재무상태표와 손익계산서 그리고 기타 재무제표는 서로 연결돼 있다. 그런데 여기서 한 가지 주목할 사실은 보유하고 있는 자산과 부채 항목이 경영성과인 당기순이익의 크기를 결정한다는 사실이다.

당기순이익은 수익에서 비용을 차감해 계산하는데 이 수익에는 자산과 부채에서 오는 영업외수익이 더해지고, 비용도 마찬가지로 자산과 부채에서 오는 영업외비용이 더해지기 때문이다.

그런데 자산과 부채는 경영성과와도 관계가 있으나 궁극적으로 그 기업의 가치와 밀접한 관련이 있다. 기업의 가치가 미래현금창출능력이라고 본다면 우량한 자산이 많을수록 그 가치는 올라갈 수밖에 없다. 그래서 어떤 기업을 인수할 때 그 기업의 가치를 따져 보기 위해 당기순이익을 살펴보는 것도 좋긴 하지만 자산과 부채를 따져 보는 것이 더 나을 수 있다.

그러면 재무상태표의 어떤 항목이 손익계산서의 항목과 관련이 있는지 알아보자.

다음의 그림을 보자.

기업의 자산은 크게 유동자산과 비유동자산으로 나뉜다. 여기서 유동자산은 크게 현금 및 유가증권 등 금융상품과 매출채권 또는 재고자산 등으로 이루어진다. 또 비유동자산은 장기투자증권 등의 투자자산과 기업이 사용할 목적으로 가지고 있는 부동산 등의 유형자산 그리고 눈에 보이지 않는 영업권 같은 무형자산 등으로 구성된다.

그런데 이러한 자산들은 취득 때까지 소요된 비용들을 포함해 취득원가를 이루지만 취득 후 시간이 흘러가면서 그 가치가 변한다. 예를 들면 재고자산은 보관 상태나 시장의 수요에 따라 가치가 변하고 유가증권도 시장 상황에 따라 달라진다. 또 영업활동에 사용되는 유

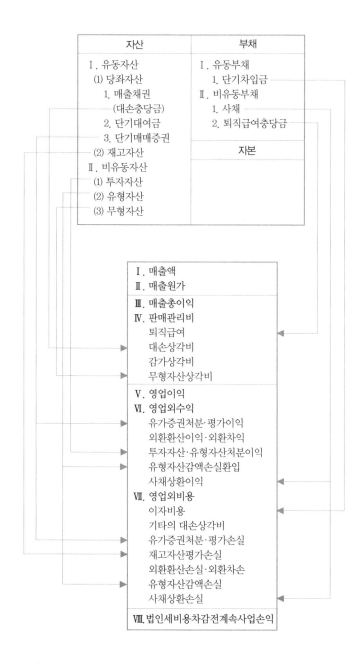

자산	부채
Ⅰ. 유동자산	Ⅰ. 유동부채
(1) 당좌자산	1. 단기차입금
1. 매출채권	Ⅱ. 비유동부채
(대손충당금)	1. 사채
2. 단기대여금	2. 퇴직급여충당금
3. 단기매매증권	
(2) 재고자산	자본
Ⅱ. 비유동자산	
(1) 투자자산	
(2) 유형자산	
(3) 무형자산	

Ⅰ. 매출액
Ⅱ. 매출원가
Ⅲ. 매출총이익
Ⅳ. 판매관리비
　퇴직급여
　대손상각비
　감가상각비
　무형자산상각비
Ⅴ. 영업이익
Ⅵ. 영업외수익
　유가증권처분·평가이익
　외환환산이익·외환차익
　투자자산·유형자산처분이익
　유형자산감액손실환입
　사채상환이익
Ⅶ. 영업외비용
　이자비용
　기타의 대손상각비
　유가증권처분·평가손실
　재고자산평가손실
　외환환산손실·외환차손
　유형자산감액손실
　사채상환손실
Ⅷ. 법인세비용차감전계속사업손익

재무제표는 기업의 성적표다

형자산은 진부화나 기타 원인에 의해 마모가 되는 경우도 있다.

회계에서 볼 때 이러한 가치변동은 화폐가치로 측정돼 재무상태표와 손익계산서에 반영될 필요가 있다. 예를 들어 현재 보유 중인 단기매매증권의 취득가액이 1,000만 원인데, 종가가 하락해 900만 원이 됐다면 자산가치가 하락했으므로 그 하락분은 재무상태표와 손익계산서에 표시가 돼야 한다.

이 외에도 매도가능증권(투자자산)의 시가가 하락하거나 유형자산의 가치가 하락하는 경우 그 가치 하락분을 재무제표에 반영할 필요가 있다.

이렇듯 자산은 그 가치가 지속적으로 변하고 궁극적으로는 손익과 관계가 있다. 따라서 자산과 부채 관리가 제대로 되지 않으면 기업가치가 하락하는 동시에 경영성과도 좋지 않을 수 있다. 단적인 예가 바로 우리나라 굴지의 자동차 회사가 달러 대 원화 환율이 떨어지자 채산성이 급격히 악화된 경우다. 이처럼 환율 변수에 의해서도 기업가치와 경영성과가 달라지는 게 요즘 기업환경이다.

회계처리가 잘못되면 모든 재무정보가 왜곡된다

"회계처리가 잘못되면 어떤 현상이 발생하죠?"

왕초보가 이절세 팀장한테 물었다.

"그렇게 되면 모든 재무제표가 왜곡이 되겠지. 재무상태표도 왜곡, 손익계산서도 왜곡, 이익잉여금처분계산서도……."

"그렇다면 팀장님, 대기업들이 가끔 회계분식을 해서 검찰에서 수사하는 것도 알고 보면 회계처리가 잘못된 거네요."

"맞아. 물론 회계조작을 해서 검찰에 불려 다니겠지만. 그래서 기업이 발표한 재무제표만 보고 재무제표를 분석하면 안 돼. 그렇게 되면 수박 겉핥기 식이 되고 말기 때문이야."

"잘 알겠습니다. 그렇다면 회계처리가 잘못되는 경우 재무제표에 어떤 영향을 줄까요?"

실무적으로 회계 및 경리 초보자들이나 다른 업무를 담당하는 사람들이 가장 애를 먹는 것 중 하나가 바로 손익계산서와 재무상태표 간의 관계를 파악하는 일이다. 만약 여기에 법인세(또는 소득세), 제조원가, 예산 등이 개입되면 그 관계를 파악하기가 더 어려워진다.

그렇다면 어떻게 하면 이들의 관계를 쉽게 파악할 수 있을까?

이를 이해하기 위해서 다음 그림을 따라가 보자.

먼저, 제조원가명세서가 어디로 향하는지 보자.

제조원가명세서는 제조업 등 제조과정이 있는 기업에서만 볼 수 있다. 서비스업 계통에는 제조과정이 없으므로 이 명세서가 없다. 건설업은 건설과정이 있으므로 이와 유사한 도급원가명세서가 있다.

이 명세서를 보면 우선 당기에 제품을 제조할 때 재료비나 노무비 기타 간접비들이 제조공정에 투입된다. 이렇게 당기에 투입된 원가와 전년도에 제품으로 만들어지지 않는 이월액(이를 '기초재공품재고액'이라 한다)의 합계액에서 당기 말에 아직 완성되지 않은 금액(이를 '기말재공품재고액'이라 한다)을 빼면 순수하게 당기의 제조원가가 나오게 된다. 이 제조원가는 손익계산서상으로 흘러가 결국 매출원가의 일부를 형성한다.

둘째, 손익계산서와 재무상태표와의 관계이다.

앞에서 본 것처럼 제조원가는 손익계산서상의 매출원가와 연결돼 있다. 그렇다면 손익계산서상의 이익은 어디로 향하는가? 이익은 이익잉여금처분계산서를 거쳐 궁극적으로 재무상태표상의 자본을 구

제조원가명세서

Ⅰ. 직접재료비	×××
Ⅱ. 직접노무비	×××
Ⅲ. 제조간접비	×××
Ⅳ. 당기총제조원가	×××
Ⅴ. 기 재공품재고액	×××
Ⅵ. 합 계	×××
Ⅶ. 타계정대체액	×××
Ⅷ. 기말재공품재고액	×××
Ⅸ. 당기제품제조원가	×××

손익계산서

Ⅰ. 매출액		×××
Ⅱ. 매출원가		
기 제품재고액	×××	
당기제품제조원가	×××	
판매가능제품원가	×××	
기말제품재고액	(×××)	×××
Ⅲ. 매출총이익		×××
Ⅳ. 판매관리비		×××
Ⅴ. 영업이익		×××
Ⅵ. 영업외수익		×××
Ⅶ. 영업외비용		×××
Ⅷ. 법인세비용차감전계속사업손익		×××
Ⅸ. 계속사업법인세비용		×××
Ⅹ. 계속사업손익		×××
Ⅺ. 중단사업손익		×××
Ⅻ. 당기순이익		×××

재무상태표

자산	부채
Ⅰ. 유동자산	Ⅰ. 유동부채
당좌자산	Ⅱ. 비유동부채
현금	
재고자산	자본
Ⅱ. 비유동자산	Ⅰ. 자본금
투자자산	Ⅱ. 자본잉여금
유형자산	Ⅲ. 이익잉여금
	차기이월이익잉여금
	(당기순이익 포함)
	Ⅳ. 자본조정
자산계	**부채와 자본계**

현금흐름표

Ⅰ. 영업활동으로 인한 현금흐름
Ⅱ. 투자활동으로 인한 현금흐름
Ⅲ. 재무활동으로 인한 현금흐름
Ⅳ. 현금의 증감(Ⅰ+Ⅱ+Ⅲ)
Ⅴ. 기초의 현금
Ⅵ. 기말의 현금

이익잉여금처분계산서

Ⅰ. 처분전 이익잉여금
　당기순이익
Ⅱ. 임의적립금 등의 이입액
Ⅲ. 이익잉여금처분액
Ⅳ. 차기이월이익잉여금

법인세

당기순이익	×××
±) 세무조정	×××
= 소득금액	
−) 비과세 등	
= 과세표준	
×) 세율	
= 산출세액	

성하는 이익잉여금의 한 항목인 '이월이익잉여금'으로 흘러 들어갔음을 알 수 있다. 따라서 이익이 많이 나고 이 금액이 회사 내 남아 있다면 이 회사의 자기자본은 커지게 된다. 쉽게 말하면 부자 회사가 되는 것이다.

결국 손익계산서상의 이익은 재무상태표상의 자본과 연관관계가 있음을 알 수 있다.

셋째, 기타의 관계를 보자.

손익계산서상의 당기순이익은 법인세(또는 소득세)를 계산하는 기초 금액이 된다. 법인세나 소득세는 이 금액에다 '세무조정'이라는 작업을 추가해서 계산을 하게 되는 구조로 돼 있다.

한편 이익잉여금처분계산서, 현금흐름표, 자본변동표 등도 이러한 재무상태표 등과 관련성이 있다. 재무상태표상 자본의 '차기이월이익잉여금' 내용은 '이익잉여금처분계산서'라는 표에서 상세히 기록되고 재무상태표상의 '현금'에 대한 변동액은 '현금흐름표'에서 자세히 분석된다.

이렇게 재무제표 간에는 밀접한 관련성이 있다. 따라서 제조원가가 잘못 계상됐거나 회계처리가 누락되면 모든 재무제표에 왜곡이 발생한다. 예를 들어 어떤 기업에서 매출 1,000만 원을 결산서에서 누락하면 다음과 같은 영향을 미친다(오류 수정이익 정정은 제5장 참조).

- 당기순이익 과소계상 → 이익잉여금처분계산서상의 차기이월이익잉여금 과소계상 → 재무상태표상의 이익잉여금 과소계상 → 법인세계산상의 소득금액 과소계상

이익이 많아지면
세금도 많아진다

'기업이 이익을 벌어들이면 가장 좋아하는 이해관계자는 누굴까?'

경영자도 있을 것이고 종업원도 있을 것이다. 성과가 좋으면 그에 따른 보상이 넉넉하게 돌아오기 때문이다.

외부에는 대표적으로 주주와 과세당국이 있다. 주주들은 높은 배당금을 기대할 수 있고, 과세당국은 세금을 많이 거둬들일 수 있기 때문이다.

이 중 세금은 법에 따라 과세 요건을 충족하는 사람이나 기업에게 무차별적으로 과세된다. 그리고 세금을 안 내겠다고 이를 숨기는 등의 행위를 하면 각종 벌을 받는다. 그렇다면 세금은 어떻게 부과되는 것일까?

통상 기업이 내는 세금은 크게 부가가치세와 법인세(개인기업은 소득세)로 구분된다. 이 중 부가가치세는 물건이나 용역을 팔 때 거래

상대방으로부터 받은 부가가치세(예수부가세)에서 자신이 부담한 부가가치세(선급부가세)를 차감한 잔액을 3개월(개인은 6개월) 단위로 내는 세금이다. 이 세금은 주로 세금계산서를 주고받은 대로 신고하면 되기 때문에 계산 및 신고 구조가 단순하다.

하지만 소득을 측정해서 매기는 법인세 등은 그 구조가 상당히 복잡하다. 일단 법인세가 나오는 과정을 보면 다음과 같다.

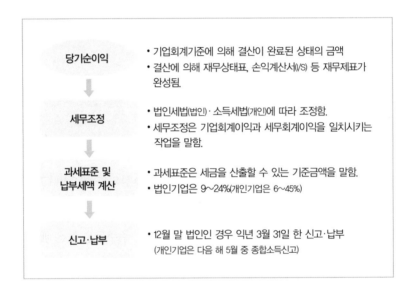

법인세 계산 구조를 보면 일단은 기업회계상 당기순이익에서 출발한다. 여기에 세무조정을 한 다음에 법인세를 계산하고 있다.

그렇다면 세무조정은 무엇을 의미할까?

현재의 법인세(개인사업자는 소득세)는 기업회계기준에 의해 산출된 당기순이익에서 출발해 세무조정을 거친 후의 금액에 대해 과세하고 있다. 세금은 당기순이익에 과세하는 것이 편리하겠지만, 회계상 당기순이익이 세금 부과 관점에 맞지 않는 경우에는 부득이 당기순이익을 세법상 이익에 맞게 고칠 필요가 있다. 이렇게 고치는 작업을 실무적으로 '세무조정'이라고 한다.

세무조정은 기업회계상의 수익과 비용 항목을 세법에 맞춰 과세소득을 구하는 절차를 말한다. 예를 들면 결산서의 수익 중에 매출이 1억 원 누락돼 있다면 당기순이익은 그만큼 줄어들었을 것이다. 그렇게 되면 세금을 거두는 국가 입장에서는 매출 누락분에 상당하는 세금을 손해 보는 셈이 된다. 또 비용 중 개인적으로 사용한 접대비가 포함돼 있다면 이 또한 당기순이익을 줄이게 된다. 그래서 세법에서는 재무상태표와 손익계산서의 각 항목에 대해 그 처리 기준을 두고, 각 항목들이 세법기준에 위배되면 '세무조정'을 통해 과세소득을 산출하고 있다.

한편 이상과 같이 세무조정을 거친 금액에 세금이 부과된다. 기본적으로 이익이 많으면 세금도 많아진다.

만약 어떤 기업의 법인세차감전이익이 3억 원이라고 하자. 그리고 회계의 내용은 세법기준에 정확히 일치를 시켜서 세무조정할 것이 없다고 하자. 그렇다면 이 기업의 법인세는 다음과 같이 대략적으로 계산해 볼 수 있다.

$$2억\ 원 \times 9\% + (3억\ 원 - 2억\ 원) \times 19\% = 3,700만\ 원$$

당기순이익이 2억 원을 초과하는 경우 200억 원까지는 19%의 세율이 적용되고 있는 것이다.

실무 담당자를 넘어
CFO가 되려면

여기저기서 '재무제표를 알아야 한다'는 얘기를 들을 때마다 어떤 사람들은 '그래, 맞아'라고 하는데, 어떤 사람들은 '그게 뭔데?'라고 생각한다. 이런 생각 차이는 경제활동을 하는 사람에게 엄청난 차이를 불러다 준다. 다음을 보자.

A는 취직 당시 한 신문사가 발행한 기업연감에서 해당 기업의 재무제표와 향후 회사 전망에 관한 자료를 분석했다. 손익계산서와 재무상태표 등을 꼼꼼히 분석해 보니 그 회사는 장래성이 매우 좋아 보였다. 그래서 과감히 그 회사에 입사를 결심해 오늘에 이르렀다. 그는 현재 회사의 장단기 목표를 이해하면서 일을 추진하고 있다. 또한 매년 재무제표를 꼼꼼히 보면서 회사가 지금 어떤 위치에 있으며 향후 어떻게 변화할 것인지 회사가 돌아가는 상황을 이해하고 있다.

A는 몇 년 후에는 창업을 생각하고 있다. 창업을 하는 데는 치밀한

사업계획이 필요하고 사업계획을 짜는 데는 회계 지식이 필요하다.

한편 그는 현재 재테크에도 관심을 가지고 있다. 자금을 모으고 배분하고 이를 투자하는 재테크 과정이 마치 기업이 살아 움직이는 모습과 흡사함을 깨달았다. 그래서 기업의 원리를 잘 터득하면 재테크도 잘할 수 있다는 생각을 했다. 물론 그가 이렇게 자신감을 얻었던 밑바탕에는 기업이 굴러가는 모습을 숫자로 관리할 수 있다는 생각을 했기 때문에 가능했다.

B는 A와 입사동기다. 하지만 입사 후에 회사의 목표보다는 부서장이 말한 목표를 달성하기 위해 많은 노력을 했다. 그렇게 한 달을 지내다 보면 정해진 월급이 꼬박꼬박 나왔다. 회사는 사장이나 임원들이 알아서 챙기는 문제이므로 자기와는 상관없다고 생각했다. 그래서 회사가 어떻게 굴러가는지는 관심 밖이었다.

그러던 중 회사가 힘들다는 소문이 나돌았다. 그는 도대체 뭐가 문제인지 도무지 알 수가 없었다. 한편 그도 재테크를 진행 중이지만 저축만 열심히 하면 된다고 생각하고 있다. 내 집 마련은 언젠가 할 수 있을 거라고 보았다.

경리 부서의 실무자들은 거래 내용을 정확히 집계하고, 세무신고하고, 결산하는 것이 기본 업무에 해당한다. 그런데 이러한 업무들은 전산 시스템이 발달할수록 정형화되므로 경리 실무자의 업무는 단순해지게 마련이다. 그렇게 되면 업무는 편해지겠지만 업무성과는 떨어질 수 있다. 따라서 현재 수준의 경리 업무를 업그레이드시킬 필요가 있다.

이를 위해서는 경리 업무를 바탕으로 사업계획을 수립하고 예산을 통제하고 더 나아가 경영분석을 할 수 있어야 한다. 그래서 다양한 경영분석을 통해 기업 체질을 강화시킬 수 있는 프로그램을 도입할 필요가 있다. 또한 미래의 성장 가능성을 타진하고 새로운 비즈니스 모델을 개척하는 자세도 필요하다. 요즘 경리 담당자들에게도 CFO* 정신 이상의 것이 필요하다고 할 수 있다.

이 중 경리 담당자들이 가장 먼저 할 일은 바로 재무제표를 보는 능력을 키우는 것이다. 이는 당기순이익이 얼마고 자본이 얼마인가를 보는 것이 아니라, 재무제표에 숨어 있는 문제점들을 끌어내서 이를 활용할 수 있는 능력을 말한다. 재무제표는 회사의 얼굴이다. 따라서 숫자를 통해서 얼굴이 밝은지 어두운지 나타나므로 담당자들은 이를 발견해 내는 것이 책무이기도 하다.

이 외 경리나 회계 실무 담당자가 아니라도 회사에서 실적을 내고 싶거나 승진을 앞둔 중간 계층이나 타부서 임원들도 재무제표를 해독할 수 있어야 한다. 회사가 가려운 곳이 어떤 곳인지를 알고 긁는 것과 모르고 긁는 것은 하늘과 땅만큼 차이가 난다.

예를 들어 재무상태표의 자산 항목인 매출채권이 100억 원이라고 하자. 이 매출채권은 제품이나 상품에 대한 대금청구권으로 아직 현금화가 되지 않은 자산이다. 그런데 현금화해 자재비와 인건비 기타 비용을 지출해야 하는 매출채권이 회수가 제대로 되지 않으면 어떤 현상이 발생할까? 대부분의 회사는 이런 상황을 타개하기 위해 부채

---

* Chief Financial Officer, 최고재무책임자

를 끌어 쓰거나(자금을 급히 빌릴수록 이자는 높아진다) 매출채권을 저렴하게 양도할 수밖에 없다. 그렇게 되면 현금흐름이 원활하지 못하기 때문에 기업에 심각한 영향을 주게 된다.

이러한 상황이라면 재무제표를 통해 경영상의 문제점을 발견해 내고 그에 맞는 처방을 내려 경영전략에 반영할 필요가 있다. 앞의 매출채권 회수 지연이 되는 이유가 발견됐다면 거래선의 변경, 법적인 조치 등을 강구해 위기에서 탈출해야 한다. 결국 각 기업의 모든 임직원들에게 CFO 정신이 요구된다고 하겠다.

이러한 능력은 회사 밖에서도 요구된다. 예를 들어 가정의 재테크도 알고 보면 일상적인 소득을 창출해 모은 돈으로 부를 일구는 것이다. 그런데 그 과정은 회사의 경영 활동과 거의 유사하다. 가정도 회사처럼 자기자본과 타인자본을 가지고 일상적인 소득을 창출해 우량 자산을 가지고 싶어 한다. 그런데 가정의 재무상태표에서 자기자본이 크지 않다면 이를 개선할 필요가 있다. 그렇게 해야 부자가 될 수 있다.

이상의 경우처럼 회사나 가정의 경영자들 그리고 실무자들은 재무제표의 중요성을 알아야 한다. 또한 재무제표를 본 뒤 문제점이 없는지, 있다면 이를 어떻게 개선할 것인지에 대해 전략을 수립할 수 있어야 할 것이다.

국제회계기준에 의해 작성되는 재무제표 중 재무상태표는 현행 기준에 비해 아주 단순해졌다. 자산과 부채의 구분을 '유동'과 '비유동'으로만 구분하면 족하고, 그 내용은 각 기업이 알아서 채우면 되기 때문이다. 그리고 자본은 종전 5가지 항목에서 3가지 항목(납입자본금, 이익잉여금, 기타자본구성요소)으로 축소되었다. 다만, 손익계산서는 명칭이 포괄수익계산서로 바뀌고 그 작성 방법도 다소 까다로워졌다. 다음의 표를 살펴보자.

항목	관련 항목
수익	수익
+ 기타수익	− 매출원가
제품과 재공품의 변동	= 매출총이익
원재료와 소모품의 사용액	+ 기타수익
종업원 급여비용	− 물류원가
감가상각비	− 관리비
기타 비용	− 기타 비용
− 총 비용	= 법인세비용차감전순이익
= 법인세비용차감전순이익	− 법인세비용
− 법인세비용	= 당기순이익
= 당기순이익	± 기타포괄손익
± 기타포괄손익	= 총포괄손익
= 총포괄손익	

포괄손익계산서는 위와 같이 비용을 성격별(예: 감각상각비, 원재료의 구입, 운송비, 종업원 급여와 광고비)로 나누든지, 아니면 기능별(예: 매출원가, 물류원가 등)로 나누도록 하고 있다. 그리고 당기순이익에 기타포괄손익(예: 매도가능금융자산평가손익 등)을 가감하여 포괄손익을 표시하도록 하고 있다. 이와 관련된 자세한 내용은 한국회계기준원이나 금융감독원의 홈페이지에서 찾아보도록 하자.

3장

재무상태표계정에서 기업가치가 결정된다

현금등가물이 뭐야

왕경리가 기초회계를 다룬 책을 보면서 회계처리를 하고 있다. 왕경리는 최근에 어떤 기업에 입사해 경리 업무를 맡게 됐다. 그는 왕초보의 여동생이자 야무진의 고등학교 후배이기도 하다.

'아니, 현금종류면 '현금 등'이라고 하면 되지 현금등가물은 뭐야? 현금등가물? 이러니 회계를 처음 시작하는 사람들이 회계는 너무 딱딱하고 어렵다고 하지. 쯧쯧.'

왕경리는 '현금등가물'이란 단어가 왜 그리 낯설게 느껴지는지 알다가도 모를 일이었다.

각 기업에서 '현금'이라는 계정은 돈의 입출금과 관련 있기 때문에 거래 빈도수가 매우 높다. 또 각종 사고와도 관련성이 있기 때문에 매우 중요하게 다루어야 할 과목이다.

여기서 '현금'이란 회사 내에서 보유한 현금, 수표, 당좌예금, 보통예금 등 즉시 현금화할 수 있는 것을 말한다.

한편 앞에서 본 현금과 동등하게 취급되는 금융상품이 있는데 이를 '현금등가물(現金等價物)'이라고 한다. 지금은 이를 현금성자산으로 바꿔 부르고 있다. 원래 현금은 우리가 생각하는 화폐만을 의미한다고 할 수 있다. 하지만 3개월 내 만기가 도래하는 채권처럼 곧바로 현금화할 수 있는 것들이 있다. 이렇게 현금처럼 사용할 수 있는 항목들만을 골라서 현금성자산으로 회계관리를 하게 돼, 그 결과 다양한 이해관계자들에게 정보가 제공된다.

그렇다면 구체적으로 현금성자산에는 어떤 것들이 포함될까?

기업회계기준에서는 다음의 조건을 모두 충족한 유가증권 및 단기 금융상품을 특별히 현금성자산으로 한다.

• 큰 거래비용이 없이 현금으로 전환이 용이할 것
• 이자율 변동에 따른 가치변동의 위험이 중요하지 않을 것
• 취득 당시 만기(또는 상환일)가 3개월 이내에 도래할 것

현실적으로 이런 조건을 충족한 현금성자산은 만기가 3개월 내 도래하는 채권, 상환우선주, 환매체, MMF, 수익증권, BMF 등이 있다.

계정과목은 이렇게 회계기준 등에서 정의를 하기 때문에 경리나 회계 담당자들은 그 내용을 이해할 필요가 있다. 우리가 생각하는 상식과 회계기준에서 정의한 것들이 일치하지 않는 경우가 있으므로 반드시 최근의 개정 내용을 알아볼 필요가 있다.

그런데 원래 재무상태표를 표시할 때는 앞에서 본 현금성자산 계정을 한꺼번에 표시하도록 돼 있다. 그렇다면 사업연도 중에도 현금이 입출금되는 경우 '현금 및 현금성자산'으로 꼭 표시를 해야 할까?

예를 들어 소모품비 1,000원을 지출했을 때 두 가지 회계처리를 해보자.

(차변) 소모품비 1,000   (대변) 현금 1,000
(차변) 소모품비 1,000   (대변) 현금 및 현금성자산 1,000

이 중 어떤 회계처리가 맞을까? 결론적으로 말하면 두 가지 모두 맞는 방법이다. 원래 외부에 공표하는 재무상태표상에서는 '현금 및 현금성자산'이란 계정과목 하나만을 사용한다. 하지만 이 계정과목에 구체적으로 어떤 항목들이 있는지 알려면 세부적으로 관리되는 것이 바람직하다.

따라서 회계관리 목적상 평소에는 그 발생 원천에 따라 '현금 또는 보통예금' 등의 계정과목을 사용하면 된다. 그리고 향후 재무상태표 작성시에 다음과 같이 '현금 및 현금성자산'으로 통합해 표시하면 될 것이다.

〈재무상태표〉

Ⅰ. 유동자산
 (1) 당좌자산
 1. 현금 및 현금성자산 ×××
 2. 매출채권 ×××

참고로 실무자들은 각 계정과목에 대한 회계처리가 재무상태표와 손익계산서에 어떤 영향을 주는지 항상 관심을 가질 필요가 있다.

※ 저자 주
　제3장과 제4장은 기업의 실무자들 관점에서 재무상태표와 손익계산서의 주요 계정과목을 소개하고 있다. 따라서 실무자가 아닌 경우에는 가볍게 봐도 문제가 없다.

입출금 회계처리와
전표 끊는 법

회계나 경리 담당자들이 입사하자마자 가장 먼저 부닥치는 업무 중 하나가 바로 입출금 관리다. 여기에는 입출금 관련 회계처리를 하고 증빙을 관리하며 시재를 맞추는 일 등이 포함된다.

그런데 이러한 입출금을 관리하는 데 초보자가 어려워하는 회계처리들이 있다. 이하에서 관련된 문제들을 해결해 보자.

입출금 관련 회계처리하기

① 인터넷뱅킹을 이용해 외상대금 100만 원을 송금했다. 이때 수수료가 600원 발생했다.

(차변) 외상매입금 1,000,000   (대변) 현금 1,000,600

지급수수료 600

② 자금관리상 A 은행의 통장에 있던 100만 원을 B 은행 통장으로 옮겼다.

　(차변) 보통예금(B통장) 1,000,000　　(대변) 보통예금(A통장) 1,000,000

같은 회사의 A통장에서 B통장으로 이체를 시키는 경우 위와 같이 회계처리를 해야 통장별로 잔액관리가 된다. 현금의 입출금이 없으므로 대체전표를 작성한다.

③ 통장에서 100만 원을 인출해 현금시재로 보관하고 있다.

　(차변) 현금 1,000,000　　　　　　　(대변) 보통예금(B통장) 1,000,000

④ 대표이사가 전도금 형식으로 50만 원을 인출했다.

　(차변) 가지급금(대표이사) 500,000　　　　　(대변) 현금 500,000

⑤ 출처를 알 수 없는 돈이 10만 원 입금됐다.

　(차변) 현금 100,000　　　　　　　(대변) 가수금 100,000

회사의 거래와 관계없는 돈이 들어온 경우 위와 같이 가수금으로 관리하며 그 내역이 밝혀진 경우에는 해당 계정과목으로 처리하고 그 내역이 밝혀지지 않으면 잡이익으로 처리한다.

- 내역이 미수금의 입금으로 밝혀진 경우

　(차변) 가수금 100,000　　　　　　(대변) 미수금 100,000

- 내역이 밝혀지지 않은 경우(통상 연말까지 기다렸다가 처리한다)

　(차변) 가수금 100,000　　　　　　(대변) 잡이익 100,000

- 회사와 무관하다고 판명이 나서 다시 출금이 되는 경우

(차변) 가수금 100,000 　　　　　　(대변) 현금 100,000

❻ A에 대한 외상매출금 중 500만 원이 통장으로 입금됐다.

(차변) 보통예금 5,000,000 　　　　(대변) 외상매출금 5,000,000

외상매출금과 외상매입금 등 잔액관리가 필요한 채권과 채무는 거래처별로 관리가 돼야 한다. 전산회계에서는 거래별 코드를 만들어 회계처리 때 반영한다.

이상과 같이 현금 입출금과 관련된 거래를 현금출납장 양식으로 나타내 보자. 단 기초현금은 200만 원이라고 하자.

(단위: 원)

번호	날짜	계정과목	입출금 내용	입금	출금	잔액
						2,000,000
①		외상매입금	외상대		1,000,000	1,000,000
		지급수수료	송금수수료		600	999,400
②		－	－(대체거래)			
③		보통예금	시재인출	1,000,000		1,999,400
④		가지급금	대표이사 가지급금		500,000	1,499,400
⑤		가수금	미확인 입금	100,000		1,599,400
⑥		－	－(대체거래)			
계				1,100,000	1,500,600	

전표 사용하기

위의 회계처리는 전표양식에 기재된다. 현금이 입금되면 입금전표, 현금이 출금되면 출금전표, 현금의 입출금과 관계없는 거래는 대체전표를 사용한다. 전표는 한 거래에 한 개씩 작성하는 것이 원칙이다. 입금전표는 현금의 상대 계정과목명을 기재하면 되나 입금전표 대신 대체전표상의 대변에 현금을 추가해 사용할 수도 있다. 예를 들어 보자.

－○○월 ○○일 복리후생비로 10만 원을 지출했다면 회계처리는 다음과 같다.

(차변) 복리후생비 100,000   (대변) 현금 100,000

이를 전표에 기록해 보자. 이 거래는 현금지출을 의미하므로 출금전표를 끊어야 한다. 차변에 복리후생비란 계정과목과 금액만을 표시하며 '복리후생비로 10만 원이 지출됐다'고 읽는다.

□입금, ■출금, □대체전표

처리일:　　년　　월　　일

차변과목			차변금액							대변과목	대변금액						
복리후생비	회식비			1	0	0	0	0	0								
합계				1	0	0	0	0	0	합계							

그런데 이렇게 출금전표처리를 하더라도 경리 지식이 없는 사람들은 그 의미를 정확히 이해하지 못할 수 있다. 그래서 요즘은 입출금 구분 없이 다음과 같이 대변에도 현금을 기재하는 대체전표 형식으로 회계처리를 하는 경우도 종종 있다.

대체전표

처리일:　　년　　월　　일

차변과목		차변금액							대변과목		대변금액						
복리후생비	회식비			1	0	0	0	0	현금	회식비			1	0	0	0	0
합계				1	0	0	0	0	합계				1	0	0	0	0

　　한편 이러한 전표 작성은 전산회계 시스템이 갖추어진 곳에서는
생략되기도 한다. 또 지출결의서나 증빙만으로 전표를 대신하는 경
우도 있다.

Tip 　　창업 또는 계속기업 회계 시스템 구축법

현재 회계 시스템이 안정되지 않은 기업이나 창업을 생각하는 사람들은 제7장 창업
회계 시스템 구축과 컨설팅을 참고하자.

가지급금과
가수금 처리법

왕경리가 다니던 회사에서는 회사 내에서 전표를 작성하고, 세무신고와 재무제표 작성은 세무법인에서 하는 시스템을 유지하고 있다.

"나회계 대리님, 이번에 경리를 맡게 된 왕경리입니다."

왕경리는 업무 파트너인 든든 세무법인의 나회계 대리와 인사를 나누었다. 나회계 대리는 이 회사 말고도 여러 곳의 회계를 맡아 온 5년차의 실력이 있는 사람이었다.

"반갑습니다. 사장님께 말씀 많이 들었습니다. 경력도 있다고 들었습니다."

"네, 조금요. 앞으로 나 대리님이 많이 가르쳐 주세요. 그런데 지금 한 가지 질문해도 되나요?"

나 대리의 승낙을 받은 왕경리는 질문을 하기 시작했다.

"회사의 돈과 사장님의 돈이 뒤섞이는 경우가 있더군요. 이를 어떻게 구분하는 것이 좋은가요?"

왕경리는 전에 다녔던 회사에서 회사 돈과 개인 돈이 구분되지 않아 곤란을 당한 경험이 있었다. 따라서 이번에 일을 시작하면서 이 문제부터 확실히 짚고 나가야겠다고 생각했다.

"원래 법인은 개인과 엄격히 구별됩니다. 따라서 대표이사도 돈을 마음대로 꺼내 쓰면 안 됩니다. 하지만 부득이 돈이 왔다 갔다 하는 경우 지침에 따라 처리하면 문제가 없습니다."

나회계 대리는 가지급금과 가수금의 처리 방법에 대해 설명했다.

회사의 돈과 개인의 돈이 섞이는 대표적인 유형은 회사의 돈을 회계처리하지 않고 꺼내 쓰는 경우(이는 '가지급금'으로 처리된다)와 회사에 돈이 부족해 개인의 돈을 대신 쓰는 경우(이는 '가수금'으로 처리된다)로 나눌 수 있다.

그런데 이러한 두 가지 유형 중 가지급금은 세법상 불이익이 많기 때문에 사전에 주의해야 한다. 가수금은 이를 재무제표에 올바르게 계상하지 않으면 이자비용 처리를 할 수 없을 뿐더러 오히려 가지급금이 늘어나는 결과가 생길 수 있다. 따라서 경영자나 실무자 모두 가지급금과 가수금 처리에 관심을 갖고 사전에 어떤 문제점이 있는지와 올바른 처리는 어떤 것인지 이해할 필요가 있다.

먼저, 회계 측면을 보자.

여기서 가지급금이나 가수금은 미결산 항목으로서 그 내용을 결산서에 나타낼 수 없다. 따라서 적절한 계정과목으로 대체해야 한다. 만일 대표이사가 개인적으로 가불한 경우라면 입금을 독촉하거나, 여의치 않으면 대여금으로 표시해야 한다. 업무를 위해 인출한 경우라면 증빙을 첨부해 가지급금을 메워야 한다.

한편 가수금 역시 적절한 계정과목으로 대체해야 한다. 만일 연말 결산 시까지 가수금을 상환하지 않는 경우 단기차입금 등의 항목으로 회계처리해야 한다.

두 경우의 회계처리는 다음과 같다.

⟨가지급금⟩

발생 시
(차변) 가지급금 ×××　　(대변) 현금 ×××
결산 시
(차변) 단기대여금 ×××　(대변) 가지급금 ×××

⟨가수금⟩

발생 시
(차변) 현금 ×××　　　(대변) 가수금 ×××
결산 시
(차변) 가수금 ×××　　(대변) 주주·임원·종업원 단기차입금 ×××

다음으로 세무 측면에서 어떤 문제점 등이 있는지 알아보자.

세법에서는 업무용으로 인출되는 가지급금에 대해서는 문제 삼지 않는다. 그러나 대표이사 등 회사와 특수 관계에 있는 사람들이 인출한 가지급금에 대해서는 많은 불이익을 주고 있다. 그 대표적인 것은 바로 세법에 의해 계산한 금액(인정이자)을 가지급금을 사용한 사람의 상여로 처분해 근로소득세를 과세하고, 회사에게는 과세소득을 늘려 (이자비용 중 일부를 비용 부인해 과세소득을 늘림) 법인세를 물리게 된다.

가지급금 대처법

가지급금은 회사 설립 초기에 가장납입한 경우, 경비처리가 누락된 경우, 개인용도로 사용하는 경우 등에서 발생한다. 가지급금은 장부상의 현금잔액과 실물로 보유한 현금잔액 중 장부상의 현금잔액이 더 많을 때 미결산 계정으로 사용된다. 가지급금은 세법상 규제를 많이 받기 때문에 그 발생 원인에 맞게 대처해야 불이익을 막을 수 있다. 특히 가장납입은 자본 충실을 저해하므로 이런 행위는 하지 않는 것이 최선이다. 또한 각종 경비지출은 합법적인 범위 내에서 예산에 맞게 지출되도록 해야 한다.

가수금 처리법

가수금은 회사자금 부족, 매출누락, 가공경비 등의 계상 등으로 인해 발생한다. 가수금은 장부상의 현금잔액과 실물로 보유한 현금잔액 중 실물로 보유한 현금잔액이 더 많을 때 미결산 계정으로 사용된다. 예를 들어 대표이사 돈을 법인 통장에 입금했을 때, 현금이 들어왔는데 매출이 누락됐을 때, 경비는 발생한 것이 없었음에도 경비를 재무제표에 올렸을 때 등이 그렇다.

다만 앞의 사유들 중 매출누락이나 가공경비 등 탈법적인 요소들은 세법에서 강력히 제재하고 있으므로 이런 사유로 가수금이 발생한다면 세무조사 등에서 문제가 될 것이다.

하지만 대표이사가 법인에 입금한 돈은 법인의 사정이 호전되면 이를 바로 회수해야 한다. 그런데 돈을 입금한 증빙이 부실하면 문제가 될 수 있다. 따라서 대표이사가 입금한 돈은 법인 통장으로 하고, 그에 대한 차입금약정서 등을 작성해 보관해 두는 것이 필요하다. 참고로 가수금에 대해 이자를 지급하면 지급금액의 27.5%를 원천징수해야 한다.

매출채권을 재무상태표에
올리는 요령

용기백 사장이 왕경리가 결재 올린 전표와 결의서 뒤에 붙어 있던 세금계산서를 비교해 보고 있다.

"왕경리 씨, 여기 세금계산서에 끊긴 날짜와 돈이 들어온 날짜가 다른데 이렇게 처리하면 되는 건가?"

왕경리는 확인해 보겠노라고 하면서 결재 서류를 도로 가져왔다. 세금계산서 날짜는 1월 31일이었는데, 전표를 끊은 날짜는 2월 21일로 처리했기 때문에 분명 차이가 있었다.

"나 대리님, 전표 작성 때 세금계산서 끊긴 날짜를 기준으로 작성하나요, 아니면 돈이 들어온 날짜를 기준으로 하나요?"

나 대리는 왕경리의 질문에 한숨이 나왔다. 어떻게 이를 이해시킬까 고민되었던 모양이다.

"그것을 이해하려면 현금주의 회계와 발생주의 회계의 차이를 이해해야 합니다."

	□입금, ■출금, □대체전표				

처리일: 200 년 2 월 2l 일

차변과목	차변금액	대변과목	대변금액
현금	5 5 0 0 0 0 0	매출	5 5 0 0 0 0 0
합계	5 5 0 0 0 0 0	합계	5 5 0 0 0 0 0

앞에서 나 대리가 말한 현금주의 회계는 현금 입금과 출금이 일어난 시기를 기준으로 회계처리하는 방식을 말한다. 이와는 달리 발생주의 회계는 현금 입금과 출금에 관계없이 회계거래가 발생했을 때 회계처리하는 방식이다.

따라서 두 방식의 차이는 다음과 같은 예에서 극명한 차이를 보이게 된다. 단, 아래의 예에 해당하는 거래만 있다고 하자.

사례

20X6년 12월 1일: 외상매출로 1억 원(부가가치세 별도)을 판매했다.

20X7년 1월 2일: 위의 외상매출금이 입금됐다.

- 현금주의로 처리한 경우의 재무제표 모습

	20X6년		20X7년	
	재무상태표	손익계산서	재무상태표	손익계산서
	외상매출금 0	매출 0	현금 1억 원	매출 1억 원

- 발생주의로 처리한 경우의 재무제표 모습

	20X6년		20X7년	
	재무상태표	손익계산서	재무상태표	손익계산서
	외상매출금 1억 원	매출 1억 원	현금 1억 원	매출 0
			외상매출금 0	

현금주의는 매출 1억 원이 입금된 20X7년의 매출로 처리가 되나, 발생주의에 의하면 매출이 발생한 20X6년의 것으로 처리가 된다.

이러한 차이는 현행 기업회계기준이나 세법에서는 1년 단위로 경영성과를 보고하거나 과세하기 때문에 때에 따라서는 심각한 영향을 미칠 수 있다. 따라서 경영자나 실무자들은 자사의 매출채권을 확정시킬 때는 이렇게 사업연도가 달라지지 않도록 미리 그 내용을 점검할 필요가 있다. 참고로 매출채권의 상대 계정은 매출인데, 이에 대한 자세한 회계처리 방법은 제4장에서 살펴보기로 하자.

유가증권과 투자유가증권의 구분 그리고 평가방법

'유가증권은 왜 이렇게 복잡할까?'

왕경리는 책을 넘기다가 유가증권 회계처리가 매우 복잡하다는 것을 알았다. 앞으로 회사가 커 나가면 유가증권 처리 문제가 반드시 생길 테니 이번 기회에 공부해 두기로 했다.

'음, 유가증권(有價證券)이란 재산권을 나타내는 증권을 말하는군. 크게는 주식 같은 지분증권과 채권 같은 채무증권으로 분류가 되고. 어, 가만있어 봐라. 이 유가증권들이 단기매매증권, 매도가능증권, 만기보유증권으로 변신을 하네!'

현행 유가증권에 대한 회계처리 방식은 일반기업회계기준(제6장)에서 상세히 정하고 있다. 여기에서는 유가증권의 분류법뿐만 아니라 유가증권의 공정가액 평가 확대와 평가차액 처리 방법 등을 기술하고 있다.

이하에서 경영자나 실무자들이 알아야 할 중요한 내용들을 위주로 살펴보자(회계 초보자들은 나중에 봐도 문제없다).

첫째, 유가증권의 분류방법에 대해서 알아보자.

유가증권(지분증권과 채무증권)은 단기매매증권, 매도가능증권, 만기보유증권 중의 하나로 분류가 된다. 이 중 단기매매증권은 단기간내 매매차익을 목적으로 취득하고 빈번하게 거래되므로 유동자산으로 분류하는 것이 맞다. 만기보유증권은 만기가 확정된 채무증권으로서 그 증권을 만기까지 보유할 적극적인 의도와 능력이 있는 경우이로 분류된다. 이 증권은 투자자산에 해당한다.

한편 단기매매증권이나 만기보유증권으로 분류되지 않은 증권은 매도가능증권으로 분류가 되며, 이 또한 투자자산에 해당한다. 참고로 앞의 만기보유증권이나 매도가능증권 중 재무상태표일(12/31)로부터 1년 내 만기가 도래하는 등의 사유가 발생하면 투자자산이 아닌 유동자산으로 분류한다.

둘째, 유가증권의 평가방법에 대해 알아보자.

유가증권은 원칙적으로 공정가치로 평가한다. 다만, 만기보유증권(채무증권)과 시장성이 없는 지분증권(예: 비상장주식)은 예외적으로 취득원가로 평가할 수 있다. 따라서 대부분의 단기매매증권과 매도가능증권은 공정가치로 평가하게 된다. 참고로 '공정가치'란 시가와 유사한 개념으로 합리적인 판단력과 거래 의사가 있는 독립된 당사자간에 거래될 수 있는 교환가격을 말한다.

셋째, 앞의 평가방법에 따라 나온 손익을 재무제표에 어떤 방식으로 올리는지 알아보자.

유동자산으로 분류되는 단기매매증권에 관련된 평가손익은 당기에 실현되므로 당기손익으로 인식하는 것이 타당하다. 그렇다면 매도가능증권이나 만기보유증권의 평가손익은 어떻게 처리할까?

우선 투자자산으로 분류되는 매도가능증권에 대해 공정가액으로 평가한 손익은 당기에는 미실현손익에 해당한다. 그래서 이 손익은 자본 항목의 기타포괄손익누계액(예: 매도가능증권평가손익)으로 처리하고 해당 유가증권을 처분하거나 감액손실(최신 용어로는 '손상차손'이라고 한다)을 인식하는 시점에 일괄적으로 당기손익에 반영한다. 한편 만기보유증권은 채무증권으로서 원가법으로 평가하므로 평가손익을 인식하지 않는다.

사례 ··

○○(주)는 20X5년 4월 1일에 △△(주)의 주식 1,000주를 1,000만 원(액면가 @5,000원, 시가 @1만 원)에 샀다. 그해의 종가는 2만 원이었다. ○○(주)는 20X7년 3월 5일에 이 주식을 주당 2만 5,000원에 모두 처분했다면 회계처리를 순서대로 해 보자.

- 20X5년 4월 1일: 유가증권 취득 시
(차변) 매도가능증권(투자자산) 10,000,000   (대변) 현금 10,000,000

- 20X5년 12월 31일: 기말 평가 시

(차변) 매도가능증권 10,000,000 (대변) 매도가능증권평가이익 10,000,000

(자본의 기타포괄손익누계액)

취득시 주가인 1만 원이 기말평가 시 2만 원으로 뛰었기 때문에 자산이 증가하나, 미실현이익에 속하므로 이를 자본의 한 항목으로 둔다.

- 20X7년 3월 5일

(차변) 현금 25,000,000 (대변) 매도가능증권 20,000,000

매도가능증권평가이익 10,000,000 매도가능증권처분차익 15,000,000

(영업외수익)

매도가능증권평가이익은 이 증권처분 시에 소멸된다.

한편 세법은 원칙적으로 원가법을 유지하고 있으므로 기업회계기준으로 평가하는 경우에는 세무조정을 통해 이를 조정해야 한다. 다만, 창투사 등이 보유한 주식(창업자나 신기술사업자 발행 주식을 말함) 중 부도 등이 난 경우 세법도 감액손실은 인정한다. 또 보유한 상장 주식이 부도, 회생계획인가, 부실징후기업이 된 경우에는 감액손실을 인정한다(법인세법 42조 3항).

> **Tip** **지분법적용투자주식의 분류**
>
> 유가증권 중 중대한 영향력을 행사할 수 있는 것은 지분법적용투자주식(투자자산)으로 분류한다. 자세한 내용은 108쪽을 참조.

상품권과
기타 당좌자산 회계처리

"사장님께서 상품권 구입 시 세무가 궁금하다고 하네요. 책과 인터넷에서 찾아보았는데 잘 모르겠어요."

용 사장 회사에서는 명절을 맞이해 상품권으로 거래처에 접대할 모양이었다.

나회계 대리는 왕경리의 그 말을 듣고는 상품권 처리 방법에 대해 생각했다. 사실 그도 그동안 상품권 회계처리에 대한 확실한 답을 얻지 못했다. 그래서 이 참에 자신의 직속상사인 고단수 세무사에게 확실히 알아볼 생각을 했다.

"세무사님, 상품권 회계처리와 세무상 문제점에 대해 가르쳐 주십시오."

현실적으로 상품권을 구입해 이를 회사의 접대용이나 기타 용도로 사용하는 기업들이 많다. 또 앞으로도 이러한 상품권 구입은 지속적으로 늘어날 가능성이 높다. 따라서 상품권에 대한 회계처리와 세무처리를 명확히 해 두는 것이 필요하다. 상품권은 유가증권에 해당하므로 상품권을 구입한 경우에는 일단 다음과 같이 자산처리가 된다.

● 상품권 구입 시

(차변) 상품권 1,000,000　　　　　　　　　　(대변) 현금 1,000,000

그리고 난 후 실제 사용한 날을 기준으로 용도에 맞게 처리한다.

● 상품권 사용 시

(차변) 접대비 또는 복리후생비 등 1,000,000　　　(대변) 상품권 1,000,000

상품권 사용을 접대비로 했으면 접대비, 직원들에게 나눠 준 경우에는 복리후생비로 계상하면 된다.

한편 회계처리를 제대로 했다고 모든 일이 끝난 것은 아니다. 세법은 기업 나름대로 기준을 두어 그 용도가 세법기준에 위배되면 비용을 부인해 세금을 거두는 구조로 돼 있다.

그렇다면 구체적으로 어떤 것이 세무상 문제가 될까?

일단 상품권 구입에 따른 증빙 문제부터 풀어 보자. 상품권은 재화나 용역을 공급하는 거래가 아니므로 신용카드 매출전표 등 적격 영수증 수취대상이 아니다. 하지만 상품권을 접대비로 사용할 경우에는 신용카드로 구입해야 비용인정을 받을 수 있다. 또한 기타 물품을 사는 경우에는 세금계산서 등 적격 영수증을 수취해야 가산세를 물지 않는다.

예를 들면 3만 원을 초과해 접대비로 지출할 경우에는 신용카드(법인, 개인사업자 명의)로 구입된 상품권이어야 한다.

또 상품권을 복리후생비로 지출하는 경우 손금이나 필요경비로 인정이 되나 상품권 소득은 근로소득에 합산될 수 있다. 이 외에도 상품권을 유류대나 도서비 등으로 사용하는 경우 적격 증빙(세금계산서나 계산서 등)을 수취하면 된다. 다만, 적격 증빙을 수취하지 못하면 가산세 2%를 부담하나 손금이나 필요경비로는 인정받을 수 있다.

① 단기금융상품

단기금융상품은 금융기관이 취급하는 정기예금, 정기적금, 사용이 제한돼 있는 예금, 기타 정형화된 상품 등으로 단기적 자금 운영 목적으로 소유하거나 기한이 1년 내 도래하는 것으로 한다. 이때 사용이 제한돼 있는 예금은 이해관계자들을 위해 주석으로 기재한다.

② 미수금, 미수수익, 선급금, 선급비용은 어떻게 구별될까?

미수금은 일반적인 상거래 이외에서 발생하는 미수채권으로 한다. 미수수익은 당기에 속하는 수익 중 미수액으로 한다. 예를 들어 미수금은 본업과 관계없는 것을 팔았을 때 아직 받지 못한 미수채권을 말한다. 또 미수수익은 당기에 이자가 발생했으나 돈은 다음 기에 받는 경우 등에 사용된 계정과목이다.

선급금은 상품이나 원재료 등 본업을 위해 미리 준 돈을 말한다. 이에 반해 선급비용은 다음 사업연도의 비용을 미리 준 돈을 말한다. 예를 들어 다음 연도에 해당하는 임대료를 선불하는 경우에는 선급비용으로 처리한다.

재고자산회계처리와
이익과의 관계

"이 재고들을 모두 비용으로 처리하면 안 되나요?"

야무진이 기업의 사장을 대상으로 CEO보험 마케팅을 하던 중 한 중소 제조업 사장으로부터 난감한 질문을 받았다.

"아, 안 됩니다. 실제 사용된 것만 비용으로 처리하셔야 합니다."

기업의 재고자산은 매출원가와 직결되기 때문에 평소에 관리가 필요한 자산 항목이다. 매출원가는 손익계산서상의 매출에서 차감되는 비용이다. 따라서 이 금액이 크고 작고는 바로 당기순이익과 연관돼 있다. 그래서 기업들은 이 재고자산을 조절해 이익을 축소하거나 늘리는 유혹에 빠질 수 있다.

이를 구체적으로 살펴보자.

매출원가는 다음과 같이 계산된다. 즉 도매업의 경우를 먼저 보면 기초재고액에서 당기매입액을 더한 상태에서 기말재고액을 차감해 계산한다.

도매업	제조업
기초상품재고액	기초제품재고액
+당기상품매입액	+당기제품제조원가
−기말상품재고액	−기말제품재고액
= 매출원가	= 매출원가

이 매출원가는 손익계산서 매출 다음에 위치하고 있으며 비용에 해당하므로 이익에 영향을 주게 된다.

그런데 매출원가는 주로 기초재고와 당기매입액 그리고 기말재고 액이 얼마나 큰가에 따라 달라진다. 따라서 만일 어떤 기업이 이익을 조정하고 싶다면 다음과 같이 하면 될 것이다.

구분	이익을 과다계상한다 (= 매출원가를 줄인다)	이익을 과소계상한다 (= 매출원가를 늘린다)
기초재고액	적게 기록	많게 기록
당기매입	적게 기록	많게 기록
기말재고액	많게 기록	적게 기록

기초재고액과 당기매입액을 실제보다 많이 기록하면 이 중 대부분 은 매출원가에 포함되게 된다. 따라서 매출원가가 늘어날 것이다. 하 지만 기말재고액은 앞의 것과 정반대의 효과를 낸다. 즉 기말재고액 은 기초재고액과 당기매입액 중에서 매출원가로 처리되지 않고 남아 있는 자산이므로 이 금액이 적을수록 매출원가는 커지는 것이다.

한편 제조업은 제조과정이 있기 때문에 제조 단계에서도 재고관리가 돼야 한다. 앞의 제조업의 매출원가는 기초제품재고액에 당기제품제조원가를 더한 금액에서 기말제품재고액을 빼서 산정한다. 이때 당기제품제조원가는 기초에 평가된 재공품재고액에서 당기에 투입된 원가를 합한 금액에서 기말재공품재고액을 차감해 구해진다. 이 관계를 그림으로 표현하면 다음과 같다.

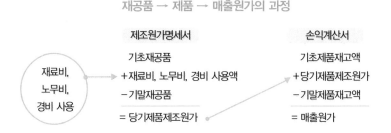

재공품 → 제품 → 매출원가의 과정

제조원가명세서	손익계산서
기초재공품	기초제품재고액
+재료비, 노무비, 경비 사용액	+당기제품제조원가
−기말재공품	−기말제품재고액
= 당기제품제조원가	= 매출원가

재료비, 노무비, 경비 사용

한편 재고관리를 위해서 재고수불부를 작성해야 하는지를 알아보자. 대기업에서는 조직이 세분화돼 있어서 생산관리 등의 부서에서 재고와 관련된 업무를 수행한다. 그곳에서 부품 등의 입고나 출고가 진행되고 이러한 기록들은 그대로 재고수불부 등에 남는다.

그런데 문제는 조직이 분화되지 않은 중소기업에서는 어떻게 관리해야 할까? 이런 회사에서는 자기 회사 실정에 맞게 재고 관련 시스템을 만들 필요가 있다. 특히 제조업의 경우 생산 일정에 맞춘 부품 조달이 필수적이므로 이런 기업일수록 재고관리가 더 필요하다. 또한 기계장치 또는 가구 등 제법 규모가 있는 도·소매업이나 기타 상품류를 도·소매하는 기업은 상품수불에 대한 정확한 관리가 필요하다. 이렇게 하지 않으면 손익계산에 필요한 매출원가를 정확히 파악할 수 없고 그렇게 되면 재무제표 또한 신뢰할 수 없기 때문이다.

재고수불부는 다음과 같은 양식으로 만든다.

재고수불부 형식

품명   규격   단위

일자	적요	입고			출고			재고		
		수량	단위	금액	수량	단위	금액	수량	단위	금액

Tip **기말에 재료나 상품을 대량구입하면**

재료나 상품을 구입한 경우 매입세액을 부담하게 된다. 이러한 매입세액은 원칙적으로 매출세액에서 공제된다. 다만 부가가치세 신고납부와 관련해 무리한 환급을 받기 위해 사업계획과 관련 없이 대량매입을 하는 경우 다음과 같은 문제점을 초래한다.

- 불필요한 자금 부담을 지게 된다.
- 환급액이 큰 경우, 과세당국은 실지 조사에 의해 환급할 수 있으므로 불필요하게 세무조사를 당할 수 있다.
- 이익 축소 조작 의혹을 받을 수 있다. 즉 매출원가(=기초재고액+당기매입액-기말재고액)가 커지므로 이익이 축소된다. 그 결과 불성실 신고자로 분류될 수 있다.

기업이 부동산에 투자하면
어떤 세금을 내나

최근 용 사장은 같은 업계에서 두각을 나타내고 있는 대박왕(주)의 김 사장을 만났다. 대박왕은 돈이 크게 남아돌자 조그마한 사옥을 마련하기로 했다고 한다.

"뭐, 당분간 새로운 곳에 투자할 데도 없고 또 잘만 하면 시세차익도 얻을 수 있으니 그렇게 결정했다네."

대박왕의 김 사장이 말했다.

용 사장은 그 말을 듣고 한편으로는 일리가 있다는 생각을 했다.

'아, 기업을 운영하다 보면 남는 돈들을 어떻게 관리하는가 하는 것도 중요하겠지.'

현실적으로 개인이든 기업이든 경제활동을 하는 이유는 부를 쌓는 데 있다. 따라서 기업에 여유자금이 있다면 이를 잘 활용하는 것이 당연하다. 물론 여유자금을 어디에 사용하는지는 경영자의 의사결정에 좌우될 것이다. 예를 들면 성장 가능성이 있는 기업에 투자할 것인가, 설비를 늘릴 것인가, 신제품을 개발할 것인가 등등이다.

그런데 기업이 부동산을 사면 어떨까? 앞의 대박왕처럼 사옥을 마련하거나 또는 땅이나 주택을 구입하면 어떻게 회계처리가 될까? 다음의 두 가지 사례를 생각해 보자.

① 건물을 구입한 경우

기업이 사옥으로 사용하는 건물은 재무상태표의 유형자산에 계상이 된다. 따라서 취득 당시에 들어간 부대비용을 합해 취득원가를 형성하고 보유 시에는 감가상각을 통해 비용 처리가 된다. 참고로 기업이 부동산을 취득할 때 취득세 등 지방세가 중요하다. 어떤 종류가 얼마만큼 과세되는지 전문가를 통해 확인할 필요가 있다.

한편 건물을 양도해 유형자산처분손익이 발생하면 이는 영업외수익이나 영업외비용으로 처리된다. 예를 들어 건물가격이 2억 원에 토지가격이 3억 원이고, 이 금액에는 부대비용이 포함됐다고 하자.

- **취득 시**

  (차변) 건물 200,000,000   (대변) 현금 500,000,000

          토지 300,000,000

- **보유 시**

  (차변) 감가상각비 5,000,000*   (대변) 감가상각누계액 5,000,000

  *200,000,000/40년=5,000,000

● **처분 시**(총 8억 원에 양도했다고 가정. 단, 감가상각누계액은 2,000만 원임)

(차변) 현금 800,000,000	(대변) 건물 200,000,000
감가상각누계액 20,000,000	토지 300,000,000
	유형자산처분이익 320,000,000

만일 대박왕(주)에 이 처분이익(최신 용어로 '처분차익'이라고 한다)만 있다면 대략 낼 법인세는 다음과 같다.

2억 원×9% + (3억 2,000만 원 – 2억 원)×19% = 4,080만 원

② 땅 또는 주택을 구입한 경우

기업이 시세차익을 얻기 위해 땅이나 주택을 사서 보유한 경우가 있다. 이러한 자산들을 투자 목적으로 보유하게 되면 앞의 유형자산이 아닌 투자자산으로 분류한다. 투자자산은 회사의 영업활동에 사용되는 것이 아니므로 감가상각을 할 수 없다. 이 외는 앞의 유형자산과 큰 차이가 없다. 다만 세금 측면에서는 큰 차이가 난다.

사업용 건물, 주택, 토지를 많이 갖고 있으면 보유세의 일종인 종합부동산세를 부과한다. 한편 기업이 부동산 중 주택이나 비사업용 토지를 처분하면 그 차익에 대해 기본세율에 10%(주택은 20%)의 세율을 추가해 법인세를 부과한다. 또한 비사업용 토지를 과다하게 보유한 부동산법인 주식을 양도하면 양도소득세율을 16~55%로 과세한다.

그래서 기업이 부동산을 취득해 이를 보유하고 처분하는 모든 단계까지 세금문제를 정확히 이해해야 현금흐름을 극대화할 수 있다.

기업의 보유 부동산과 종합부동산세

종류	종합부동산세 과세기준	비고
주택	법인기업은 무조건 과세	단, 임대주택, 사원주택 등은 종합부동산세를 비과세함
나대지 등	공시지가 5억 원 초과 시	종합합산토지에 해당
영업용 건물의 부속토지	공시지가 80억 원 초과 시	별도합산토지에 해당

기업의 보유 부동산 처분 시 법인세 추가 과세

종류	법인세 추가 과세* 과세기준	비고
주택	추가 과세 제외 주택을 제외하고 무조건 추가 과세	단, 임대주택, 사원주택 등은 추가 과세에서 제외
나대지 등	비사업용 토지에 해당 시 추가 과세	비사업용 토지의 범위는 법인세법 제55조의2를 참조
영업용 건물의 부속토지	기본세율(9~24%)로 과세	소규모 임대법인 등은 19~24% 적용(2025년)

* 매매차익에 대해 10%(주택은 20%)를 법인세로 추가 과세한다.

기업이 보유한 부동산 중 문제가 있는 것은 주택과 비사업용 토지이다. 그중 비사업용 토지는 판정 문제가 핵심이다. 비사업용 토지는 농지, 임야, 목장용지, 나대지, 잡종지에 이르기까지 포괄적으로 정하고 있다. 특히 사업성 판단은 양도 시점뿐만 아니라 보유 기간 중 사업용으로 사용된 기간도 고려함에 유의할 필요가 있다.

만일 비사업용 토지를 처분해 앞과 같은 3억 2,000만 원의 차익을 올렸다면 세금은 다음과 같다.

법인세(기본세율) : 2억 원×9% + (3억 2,000만 원 - 2억 원)×19%

= 4,080만 원

추가 법인세(10%) : 3억 2,000만 원×10% = 3,200만 원

계 : 7,280만 원

지분법적용투자주식

회사는 보유한 자금으로 다른 회사의 주식을 살 수 있다. 그런 후 배당금이나 양도차익을 얻을 수 있다. 하지만 지분율이 높아 피투자회사에게 중대한 영향력(피투자회사의 재무정책이나 영업정책에 실질적인 영향력을 행사할 수 있는 능력)이 있는 경우에는 별도의 회계처리를 해야 할 필요성이 있다.

그래서 일반기업회계기준(제8장)에서는 투자대상이 되는 회사의 의결권이 있는 주식을 20% 이상 갖고 있다면 이를 중대한 영향력을 행사할 수 있다고 보아 이에 대한 회계처리 방법을 정하고 있다.

대략적으로 살펴본다면 해당 주식을 취득한 때의 원가로 취득가액을 잡는다. 그리고 취득 시점 이후에 발생하는 지분 변동액을 당해 지분법적용투자주식에 가감해 보고하도록 하고 있다. 또 위의 지분 변동액은 지분법피투자회사의 순자산가액 변동의 원천(자본조정 또는 이익성격)에 따라 회계처리한다.

한편 지분법피투자회사가 종속회사인 경우에도 지분법회계를 적용해야 한다. 구체적인 것은 일반기업회계기준(한국회계기준원 홈페이지 다운로드 가능)을 참조하자.

자동차를 취득한 경우의 회계처리법

"나 대리님, 이번에 차를 한 대 샀습니다. 그런데 어떻게 전표를 끊어야 하는지 알쏭달쏭합니다."

"왕경리 씨, 계약서를 주실 수 있습니까?"

왕경리가 나 대리에게 보내온 자동차 할부계약서에는 다음과 같은 내용이 담겨 있었다. 단, 이 차량은 9인승 승합 차종이었다.

할부계약서의 내용

구분	내용	비고
차량 가격	차량 판매가격: 19,800,000원 차량 등록비 등: 2,000,000원	부가가치세 포함(1,800,000원)
지불 사항	계약금 및 인도금: 800,000원 할부금: 19,000,000원 할부금이자: 5,000,000원	
매월 불입액	400,000원(1~60회)	할부원금 및 할부금이자

이상과 같이 자동차 할부계약서를 받으면 회사 자산에 올릴 금액을 결정해야 한다. 또 할부금은 부채에 해당하기 때문에 향후 지급될 원금을 부채로 올려야 한다.

비상장 중소기업의 회계처리를 보면 다음과 같다.

(차변) 차량운반구 20,000,000	(대변)미지급금(할부금) 19,000,000
부가세 대급금 1,800,000	현금 2,800,000

먼저 차량운반구는 부가가치세를 제외한 차량 가격에 등록세 등 부대비용을 합해 자산으로 처리되고 향후 감가상각을 통해 비용 처리가 된다. 또 자동차를 사면서 부담한 부가세 대급금은 향후 매출세액에서 공제를 받아 현금 유입효과가 있으므로 자산으로 처리한다.

대변의 할부금은 명백히 지급의무가 있는 부채에 해당한다. 이 할부금은 1~60개월 동안 나눠서 내야 하는 원금으로 매월 할부이자를 포함해 납부가 된다.

앞의 표를 보면 매회 40만 원 가량을 납부해야 하는데, 이 금액은 원금과 할부이자로 이루어져 있다. 실무적으로 할부금이자에 대한 회계처리는 차량회사(또는 차량할부회사)에서 제공한 할부금이자 스케줄표에 따라 처리한다. 예를 들어 40만 원이 할부원금 10만 원과 할부금이자 30만 원으로 이루어져 있다면 회계처리는 다음과 같다.

(차변) 미지급금(할부금) 100,000	(대변) 현금 400,000
할부금이자(비용) 300,000	

이 회계처리 결과 재무상태표와 손익계산서의 형식은 다음과 같이 표시된다.

재무상태표	손익계산서
부채	영업외비용
미지급금(잔액) 18,900,000	할부금이자비용 300,000

한편 앞에서 본 부가가치세는 매출세액에서 공제(또는 환급)된다고 보아 '부가세 대급금'이라고 처리했다. 그런데 차량 종류에 따라서는 부가가치세가 공제되지 않는 것들이 있다. 이런 상황이라면 부가세 대급금은 공제를 받지 못하므로 차량운반구의 취득원가에 포함시켜 처리해야 한다. 부가가치세가 공제되는 기준과 공제되는 차량을 보자.

Tip **승용차 구입 시 발생한 부가가치세는 환급되는가?**

– 부가가치세를 공제하는 기준

차량을 구입한 경우 부가가치세가 붙는다. 부가가치세가 환급되기 위해서는 사업용이어야 하고, 9인승 이상(예외적으로 1,000cc 이하의 차량 포함)이어야 한다. 즉 다음과 같이 개별소비세가 붙지 않는 차량이어야 한다.

• 8인승 이하의 일반형 승용자동차(국민차 제외)
• 지프형 자동차
• 125cc 초과 2륜 자동차
• 캠핑용 자동차(캠핑용 트레일러 포함)

- 부가가치세를 공제받을 수 있는 차량 종류

이상과 같은 내용을 조합하면 현행 자동차 회사의 차종별 매입세액공제는 다음과 같이 요약해 볼 수 있다. 내용이 다소 변동될 수 있으니 자세한 것은 자동차 회사에 문의하기 바란다.

제조회사명	공제 여부	차량제품명
현대자동차	불공제 차량	- 승용차: 베르나, 아반떼XD, 라비타, 티뷰론, 투스카니, EF소나타, 그랜저XG, 제네시스 등 - 승합차: 싼타모(5, 7인승), 트라제XG(6, 7인승), 스타렉스(7인승) - 지프형: 싼타페(5, 7인승), 갤로퍼(5, 6, 9인승), 테라칸(5, 7인승)
	공제 차량	- 승용차: 아토즈 및 2인승 밴 차량 - 승합차: 트라제XG(9인승), 스타렉스(9인승, 12인승, 밴형) - 지프형: 2인승 밴 차량 - 상용차: 그레이스(9, 12인승) 등
기아자동차	불공제 차량	- 승용차: 스펙트라, 스펙트라윙, 옵티마, K3~K9 등 - 승합차: 카니발(7인승) - 지프형: 스포티지, 레토나, 쏘렌토
	공제 차량	- 승용차: 비스토(5인승, 밴형) 및 2인승 밴 차량 - 승합차: 카니발(9인승), 프레지오(3, 6, 9, 12인승) - 지프형: 2인승 밴 차량
대우/쌍용/ 삼성자동차	불공제 차량	- 승용차: 라노스, 누비라, 레간자, 매그너스, 프린스, 수퍼살롱, SM5, 체어맨 - 승합차: 레조 - 지프형: 코란도, 무쏘(5, 7인승), 렉스톤(5, 7인승)
	공제 차량	- 승용차: 티코, 마티즈 및 2인승 밴 차량 - 승합차: 다마스, 라보, 이스타나, 렉스턴스포츠 - 지프형: 2인승 밴 차량

※ 참고로 차량 운행 시 발생한 각종 부가가치세는 위의 공제 차량에 한해 환급이 가능하며, 이를 매각 시에는 세금계산서를 교부하는 것이 원칙이다.

개인 소유 차량을 회사업무에 이용하면 경비처리가 가능할까

"차량 취득에 대한 회계처리는 다 이해했습니다. 그렇다면 차량과 관련된 비용들도 모두 경비처리가 되겠지요? 예를 들면 유류대를 지급하면 차량유지비로 처리하고……. 그런데 나 대리님, 사장님이 개인적인 용도로 차를 사용하시면 유류대를 회사경비로 처리할 수 있나요?"

"아, 예. 하지만……."

나회계 대리는 선뜻 대답할 수 없었다. 왜냐하면 원칙적으로 개인적인 용도로 사용하는 비용은 업무와 무관하므로 비용 처리를 해서는 안 되기 때문이다.

"원래는 비용 처리를 할 수가 없습니다. 그런데 실무적으로 유류대중 얼마만큼 사적인 용도로 사용되고 업무용으로 사용되는지를 구분하기가 쉽지 않은 관계로 대부분 회사경비로 처리되는 실정입니다."

"아, 그렇군요. 그런데 제 친구가 다니는 회사는 사장 개인 소유인데 차량 관련 유류대를 비용 처리한다고 합니다. 그렇게 해도 무방하나요?"

왕경리는 친구가 걱정이 돼서 질문했다.

"물론 회사업무를 위해 사용한다면요."

나회계 대리는 개인 소유의 차량을 회사업무에 사용할 때 경비처리를 어떻게 하는지 나와 있는 국세청 인터넷 상담 내용을 왕경리에게 보내 주었다.

Q │ 임직원 소유 차량을 법인의 업무수행을 위해 여러 직원이 같이 사용하는 경우 법인의 자산으로 재무제표에 올릴 수 있는지. 그렇다면 차량의 등록세 및 취득세, 기타 차량유지비(차량보험료, 자동차세 등)를 법인경비로 손금산입할 수 있는가.

A │ 법인 임직원 소유 차량을 법인 업무에 사용하고 그에 상당하는 유지비 등을 부담한 경우에는 법인의 손금에 산입한다(법인 22601 - 2104, 1991. 11. 6). 귀 질의의 경우 개인 차량을 법인 업무에 사용했음이 입증되며 해당 업무와 관련해 개인 차량을 사용한 비용에 해당하는 금액을 합리적으로 산출해 지출하는 비용은 법인의 손금에 해당한다.

다만, 해당 차량의 감가상각비 등을 계상할 수는 없을 것이나 실제 연료비, 운행 중의 부대비용 등은 법인 내규 또는 사규에서 그 기준을 정해 놓고 지출하면 손금처리가 가능하다.

업무용으로 쓴다는데…

앞의 답변처럼 개인 소유의 차량을 회사업무에 사용한 경우 정말로 감가상각비를 처리할 수 없을까?

원칙적으로 감가상각대상은 회사의 자산에 한정하므로, 개인 소유의 차량을 회사의 감가상각대상 자산에 포함시킬 수 없다. 따라서 이러한 상황이라면 회사 자산으로 등재한 후 감가상각을 하면 될 것이다.

참고로 기업이 소유한 업무용 승용차에 대한 비용인정 범위가 개정되어 다음과 같이 적용되고 있다(법인세법 제27조의2, 소득세법 제33조의2 등).

구분	내용	비고
대상 비용 범위	감가상각비, 리스료, 유류비, 보험료, 자동차세, 수리비, 통행료 등	리스 포함
개정 내용	· 위 비용이 연간 1,500만 원 이하 시: 전액 인정 · 1,500만 원 초과 시: 업무용 사용 비율에 따라 인정 · 차량 감가상각비 한도: 800만 원(초과분은 이월)	차량처분 손실은 800만 원까지 인정

이 제도의 골격은 업무용 승용차 1대당 연간 1,500만 원까지 비용 처리를 인정하나, 이 금액을 초과한 경우에는 업무용으로 사용했음을 차량 운행 일지로 입증해야 한다는 것이다. 사례를 통해 이를 이해해 보자.

㈜승리는 5,000만 원짜리 업무용 승용차를 구입하려고 한다. 이때 차량 비용은 감가상각비 1,000만 원(5년, 정액법 상각)과 기타 비용 등 총 2,000만 원이 된다고 하자. 이 경우 세법상 비용은 얼마나 인정될까?

첫째, 운행 일지를 미작성한 경우

연간 승용차 관련 비용 2,000만 원을 비용 처리했으나, 차량 운행 일지를 미작성하였으므로 1,500만 원까지만 비용으로 인정되고 이를 초과된 500만 원은 비용으로 인정되지 않는다.

둘째, 운행 일지를 작성한 경우

차량 운행 일지를 작성한 경우에는 업무 사용 비율에 따라 추가로 비용을 인정받을 수 있다. 업무 사용 비율이 100%인 경우로 살펴보면 다음과 같이 1,800만 원을 비용으로 인정받을 수 있다. 2,000만 원 전액이 비용으로 인정되지 않는 이유는 차량의 감가상각비 한도가 연간 800만 원에 불과해 이를 초과한 200만 원은 당기의 비용으로 인정되지 않기 때문이다.

차량비용 발생		업무비용 (㉠)	감가상각비 한도초과액			비용인정 금액 (㉠-㉡)
			업무비용 중 감가상각비	한도액	한도 초과액(㉡)	
감가 상각비	1,000만 원	업무비용 중 감가상각비	1,000만 원**	800만 원	200만 원***	1,800만 원
기타 비용	1,000만 원			–		
계	2,000만 원	2,000만 원*				

* 운행기록을 작성한 경우 차량비용×입증비율(사례의 경우 100%)을 곱함.

** 감가상각비×업무사용비율=1,000만 원×100%=1,000만 원

*** 한도초과액은 다음 연도로 이월공제됨.

유형자산의 취득과
가치변동에 따른 회계처리법

용기백 사장이 왕경리가 올린 결의서를 결재하고 있었다.

"어, 경리 씨! 이것 좀 봐 줄래요? 선풍기가 왜 소모품이지요? 선풍기는 몇 년 동안 사용할 수 있으므로 사용 연수에 맞게 감가상각비로 처리해야 하지 않나요?"

"……."

왕경리는 딱히 대답할 수 없었다. 그 순간 그녀의 머리에는 '회계는 너무 어려워'라는 생각만 떠오르고 있었다.

"알아보고 답변드리겠습니다."

유형자산*은 문자 그대로 눈에 보이는 자산을 말한다. 그런데 이

---

* 有形資産, tangible assets

자산은 앞에서 본 재고자산과는 다른 성격을 가지고 있다. 즉 재고자산은 주요 영업활동을 위해 보유한 자산임에 반해, 유형자산은 판매를 목적으로 하지 않고 사업을 위해 비교적 장기간 사용할 목적으로 보유한 자산을 말한다. 유형자산에는 대표적으로 구축물, 토지와 건물, 기계장치, 선박, 비품(인테리어 설치 포함), 차량운반구, 건설 중인 자산 등이 해당된다.

이 유형자산과 관련된 회계와 세무문제는 다음처럼 요약할 수 있다.

① 유형자산의 취득원가는 어떻게 구하는가? 중고자산이나 인수자산의 취득가액은 어떻게 계상하는가?

② 유형자산을 처분하면 어떻게 회계처리를 하는가?

③ 감가상각비는 어떤 방법으로 계상하는가? 소모성 자산을 즉시 비용 처리하면 어떤 문제가 있는가?

④ 가격이 상승한 보유 부동산은 어떻게 평가하는가? 유형자산의 감액손실이나 폐기 또는 처분손실은 어떻게 구분하는가? 그리고 세법상 인정이 되는가?

종합적인 사례를 들어 하나하나씩 알아보자.

 사례 ••

○○상사는 다음과 같이 유형자산을 취득했다. 물음에 답하라.

- 유형자산 취득 현황
A: 부동산 → 4억 원(토지가격 2억 원, 건물가격 2억 원), 기타 취득 관련 세금

2,000만 원, 국공채 할인비용 1,000만 원

B: 책상 → 100만 원(3개 구입)

C: 기계장치 → 1억 원

Q │ A 부동산 취득에 대한 회계처리를 해 보라.

A │ 먼저 부동산은 토지와 건물로 나누어서 처리해야 한다. 토지는 감가상각대상 자산이 아니나 건물은 이에 해당하기 때문이다. 이때 부동산 취득 관련 부대비용이 구분되지 않으면 공정가액을 기준으로 안분해야 할 것이다.

토지가액: 2억 원 + [(2,000만 원 + 1,000만 원)×(2억 원/4억 원)]

= 2억 1,500만 원

건물가액: 2억 1,500만 원

| (차변) 토지 215,000,000 | (대변) 현금 215,000,000 |
| (차변) 건물 215,000,000 | (대변) 현금 215,000,000 |

Q │ A 부동산을 5억 원 주고 매각했다. 보유 기간에 따른 건물에 대한 감가상각비는 1,000만 원이고, 부가가치세는 없다고 가정하면 이에 대한 회계처리는?

A │

(차변) 현금 500,000,000	(대변) 토지 215,000,000
감가상각누계액 10,000,000	건물 215,000,000
	유형자산처분이익 80,000,000

처분 시 위 부동산의 장부금액은 다음과 같다.

토지		215,000,000
건물	215,000,000	
건물감가상각누계액	10,000,000	205,000,000
계		420,000,000

따라서 매도가액 5억 원에서 장부금액 4억 2,000만 원을 차감한 잔액이 유형 자산처분이익이 되며, 이 이익은 손익계산서상 영업외수익에 반영된다.

Q | 위 C 기계장치에 대한 감가상각비를 계상하라. 단, 기계장치에 대한 감 가상각은 5년간 균등 상각한다. 또 만일 B 책상 구입 비용을 바로 소모품비 용으로 처리했다면 기업회계기준이나 세법상 문제는 없는가?

A | 감가상각은 감가상각 대상금액(예: 건물의 구입 가격)을 내용 연수(당해 자산이 효익을 주는 기간)에 걸쳐서 체계적인 방법에 따라 일관성 있게 배분 하는 것을 말한다. 만일 기계장치를 5년간 균등하게 상각하면 매년 2,000만 원(1억 원/5년)씩 비용으로 처리된다. 다만 실무적으로 감가상각비 계산은 더 복잡하므로 뒤의 손익계산서계정 편에서 상세하게 살펴보도록 하자.

한편 책상 구입 비용을 감가상각 처리하지 않고 구입 연도의 비용으로 처리 하면 어떻게 될까? 우선 세법에서는 취득가액이 100만 원 이하가 되는 자산 은 구입 연도에 비용 처리를 하더라도 이를 인정하고 있다. 따라서 회계 담 당자나 회사 방침에 따라 자산으로 처리해 감가상각할 수도 있고, 아니면 당 해 연도의 비용으로 처리할 수도 있다. 따라서 앞의 왕경리 씨는 이러한 논 리로 소모품비로 처리할 수 있음을 얘기할 수 있을 것이다.

Q │ 보유하고 있는 A 부동산 중 토지가액이 2억 원 정도 상승했고, 건물가액은 5,000만 원 정도 하락했다. 한편 C 기계장치가 진부화돼 가치가 하락했다. 감액손실은 어떻게 처리가 되는가?

A │ 자산을 보유하던 중 가치가 상승하거나 하락할 수도 있다. 또 보유한 자산이 진부화돼 폐기처분하는 경우도 있다. 이런 경우 기업회계기준과 세법은 어떤 입장을 취할까?

우선 기업회계기준은 정확한 재무상태와 경영성과를 측정해야 하므로 이러한 경제적 사건을 모두 반영해야 한다. 세법은 세법의 안정성과 예측 가능성을 위해 가급적 취득원가주의를 고수한다. 다만 부득이한 사유가 있는 경우 일부 기업회계기준을 수용한다.

• **토지가액의 상승**: 2025년 현재 유형자산에 대해 재평가가 허용되고 있다. 그리고 투자부동산에 대해서도 상장 여부를 떠나 재평가가 허용되고 있다. 그런데 세법은 취득원가주의를 고수하여 자산 재평가를 인정하지 않는다. 이렇게 회계와 세무 간의 차이는 세무조정을 통해 해결되고 있다.

• **건물과 기계장치의 가치하락**: 기업회계기준에서는 감액손실기준(유형자산의 미래 현금흐름 추정액이 장부금액에 미달하는 등의 기준이 있음)을 두어 이에 해당하면 비용 처리할 수 있도록 하고 있다. 더 나아가 기업이 유형재산에 대한 재평가를 실시한 경우에는 반드시 감소분도 인식하도록 하고 있다. 결국 재평가가 있는 경우 장부가액은 공정가액에서 이후의 감가상각누계액과 감액손실누계액을 차감한 금액이 된다. 세법은 이를 원칙적으로 인정하지 않고 천재지변이나 화재 수용 등으로 고정자산을 사용할 수 없는 경우에 한해 시가와 장부금액과의 차액을 손금으로 인정한다.

K-IFRS에서는 유·무형자산에 대해서는 원가모형이나 재평가모형, 투자부동산에 대해서는 원가모형과 공정가치모형 중 하나를 선택할 수 있도록 하고 있다. 원가모형은 취득가액을 기준으로, 재평가모형은 감가상각 후 공정가치로 재평가한 금액을 장부가액으로, 공정가치모형은 감가상각 없이 장부가액을 공정가치로 하는 방법을 말한다. 이러한 모형 중 재평가모형과 공정가치모형에서는 평가손익이 발생하게 되는데, 이때 재평가모형에서 발생한 평가차익은 원칙적으로 기타포괄손익(재평가잉여금)에 해당한 것으로 보며, 평가차손은 당기손실(재평가손실)에 해당한다고 본다. 그런데 공정가치모형의 경우에는 앞의 재평가모형과는 달리 평가손익 모두를 당기손익에 반영하도록 하고 있다.

국고 보조금에도
세금이 붙을까

"이번에 저희 회사에서 국고 보조금을 받았습니다. 여기에 세금이 붙습니까?"

컴퓨터프로그램 개발 회사에서 고단수 세무사에게 전화가 걸려 왔다.

"회계기준에 따라 처리하면 세금이 붙지 않습니다."

고 세무사는 왜 이런 답변을 했을까?

국고 보조금이란 국가가 산업 정책적 견지에서 기술의 개발 및 향상 등을 위해 기업에 무상으로 주는 보조금 등을 말한다. 이것을 받은 기업은 기계장치나 사업용 자산 등의 취득에 돈을 사용하게 된다.

그렇게 되면 사업용 자산가액은 원래 기업의 돈이 투입된 결과가 아니므로 정확한 금액이 아닐 수 있다. 그래서 일반기업회계기준(제17장)에서는 국고 보조금 등의 회계처리 기준을 다음과 같이 두고 있다. 초보자들은 가볍게 봐도 문제없다.

일반기업회계기준 제17장 문단 17.5(자산관련보조금의 표시)

자산의 취득에 충당할 국고 보조금·공사 부담금 등으로 자산을 취득한 경우에는 이를 취득자산에서 차감하는 형식으로 표시하고 당해 자산의 내용연수에 걸쳐 상각금액과 상계한다. 당해 자산을 처분하는 경우에는 그 잔액을 당해 자산의 처분손익에 반영한다.

이 기준을 요약하면 다음과 같다.

● 자산취득 시: 당해 자산에서 차감해 표시(평가계정)함.

● 감가상각 시: 내용연수에 걸쳐 감가상각비와 상계하며, 상계 후 잔액은 처분 시 처분손익에 가감함.

● 미사용금액: 자본조정에 계상함.

사례

○○기업이 국고 보조금 10만 원을 받은 후 기계를 샀다면 다음과 같이 처리한다.

- 현금 10만 원을 수령한 경우

(차변) 현금 100,000　　　　　　　(대변) 국고 보조금 100,000

　　　　　　　　　　　　　　　　　　　(현금의 차감계정)

국고 보조금은 현금의 차감계정으로 표시된다. 이를 재무상태표 형식으로 표시하면 다음과 같다.

```
당좌자산
    현금        100,000
   (국고보조금  100,000)  0
```

- 기계장치 취득 시

(차변) 기계장치   1,000,000   (대변) 현금   1,000,000
       국고 보조금   100,000   국고 보조금   100,000
      (현금의 차감계정)   (기계장치의 차감계정)

100만 원짜리 기계를 취득했는데 이 중 10만 원은 국고 보조금이므로 순수한 기계가액은 90만 원이고 현금지출 또한 90만 원이다. 기계장치 계정과목을 재무상태표 형식으로 보면 다음과 같다.

```
유형자산
    기계장치    1,000,000
   (국고 보조금   100,000)  900,000
```

- 감가상각 시

만일 위의 기계장치를 5년 정액법으로 상각한다면 한 해에 20만 원씩 상각하면 된다.

(차변) 감가상각비 200,000   (대변) 감가상각누계액 200,000

다만 앞의 국고 보조금에 해당하는 감가상각비만큼은 당해 기업의 돈과 상관없는 비용이므로 다음의 분개를 추가해야 한다.

(차변) 국고 보조금 20,000   (대변) 감가상각비 20,000
      (기계장치의 차감계정)

이상의 결과를 손익계산서와 재무상태표로 표현해 보면 다음과 같다.

손익계산서	재무상태표	
감가상각비 180,000	기계장치	1,000,000
	(국고 보조금	80,000)
	(감가상각누계액 200,000)	720,000

국고 보조금을 제외한 취득가액은 90만 원이며 이를 5년 상각하면 손익계산서상 감가상각비는 18만 원이 된다. 또 감가상각을 한 후 기계장치의 잔액은 90만 원에서 18만 원이 차감된 72만 원이 된다.

한편 국고 보조금 등은 기업 입장에서 보면 이익에 해당한다. 따라서 세법은 무상으로 받은 이익에 당장 과세를 해야 한다. 그런데 이렇게 되면 자산취득을 방해하는 등 국고 보조금을 지원하는 당초 목적에 어긋난다. 그래서 세법에서는 감가상각이 진행되는 동안 또는 처분시점에서 과세가 되도록 과세시기를 이연하는 제도(일시상각충당금 등)를 두고 있다. 다만 앞처럼 회계처리가 되면 회계와 세무가 일치하므로 별도의 세무조정에 따른 실익이 없다.

연구개발 부서의 프로젝트비는 자산인가 비용인가

"고 세무사님, 오랜만입니다. 이번에 저희 회사에서는 연구개발 부서를 만들어 프로젝트에 대한 연구를 진행하려고 합니다. 연구개발비는 자산으로 처리하고 상각을 통해 비용으로 반영했으면 합니다. 가능한지요?"

용 사장은 회사 매출이 계속 늘어나자 새로운 영역인 문화·엔터테인먼트 사업을 위해 연구개발 부서를 만들려 하고 있었다.

"아, 사장님. 연구개발과 관련해서는 자산으로 계상이 가능한지부터 살펴보아야 합니다."

"아니, 연구비로 지출된 것은 무조건 자산으로 처리할 수 있지 않나요? 매출도 안 잡히는 상태에서 비용 처리를 하면 이익이 많이 줄어들 텐데요?"

"사장님의 말씀도 일리가 있습니다. 하지만 종전에는 연구비도 자산처리가 됐으나 국제회계기준과 일치되지 않자, 최근에는 연구개발비 중 연구비는 당기비용으로 처리하고 개발비는 무형자산으로 처리하도록 하고 있습니다. 또 개발비라도 미래 경제적 효익이 기대되는 것만 무형자산인 개발비로 계상하고, 나머지는 경상개발비로 해 당기 비용으로 처리하도록 하고 있습니다."

"정리가 필요하겠군요."

용 사장은 연구개발비에 대한 명확한 회계처리 방침이 필요하다고 보아 이에 관한 자료를 부탁했다.

무형자산*은 특허권이나 영업권(이 외에도 산업재산권, 라이선스와 프랜차이즈, 저작권, 게임소프트웨어, 개발비, 임차권리금 등)처럼 눈에 보이지 않는 자산을 말한다. 이러한 자산은 앞에서 본 유형자산처럼 사업에 사용된다는 점에서 그 처리방식이 유형자산과 거의 같다. 즉 무형자산도 취득하는 것이며 일정한 기간 동안 상각을 해야 한다. 또 무형자산을 보유한 중에 가치가 하락하는 경우 평가문제가 나타나며 보유 중에 매각할 수도 있다.

하지만 무형자산을 재무상태표상의 자산에 올리기 위해서는 까다로운 조건을 충족해야 한다.

그러면 현행 기업회계기준과 세법은 무형자산에 대해서 어떤 조건을 두고 처리하고 있을까?

앞에서 용 사장 회사에서 지출한 연구개발비용을 무형자산인 개발

---

* 無形資産, intangible assets

비로 처리하기 위해서는 우선 세 가지 요건을 충족해야 한다. 이 요건들은 크게 무형자산의 정의에 합당해야 하고, 무형자산 및 개발비의 인식요건에 해당돼야 한다.

〈개발비 자산처리 요건〉

① 무형자산의 정의에 합당할 것

무형자산은 재화의 생산, 용역의 제공, 타인에 대한 임대 또는 관리에 사용할 목적으로 기업이 보유하고 있는 것을 말한다. 물리적 형체가 없지만 식별 가능하고 기업이 통제하고 있으며 미래 경제적 효익이 있는 비화폐성 자산이다.

② 무형자산의 인식요건에 맞을 것

일반기업회계기준 제11장 문단 11.7에서는 자산으로부터 발생하는 미래 경제적 효익이 기업에 유입될 가능성이 매우 높고 자산의 취득원가를 신뢰성 있게 측정할 수 있어야 무형자산으로 인식할 수 있다.

③ 개발비의 인식요건을 충족할 것(문단 11.20)

다음의 요건을 모두 충족하는 경우에만 무형자산으로 인식할 수 있고, 그 외의 경우에는 '경상개발비'로 해 당기비용으로 처리한다.

- 무형자산을 사용 또는 판매하기 위해 그 자산을 완성시킬 수 있는 기술적 실현 가능성의 제시가 가능함.
- 무형자산을 완성해 그것을 사용하거나 판매하려는 기업의 의도가 있어야 함.
- 완성된 무형자산을 사용하거나 판매할 수 있는 기업 능력의 제시

가 가능함.

- 무형자산이 어떻게 미래 경제적 효익을 창출할 것인가를 보여 줄 수 있어야 함.
- 무형자산의 개발을 완료하고 그것을 판매 또는 사용하는 데 필요한 기술적·금전적 자원을 충분히 확보하고 있다는 사실의 제시가 가능함.
- 개발 단계에서 발생한 무형자산 관련 지출을 신뢰성 있게 구분해 측정할 수 있어야 함.

실무적으로 이러한 기준으로 무형자산인 개발비의 인식조건을 따져 보아야 한다. 그렇다면 이것은 쉬운 방법인가?

우선 개념 정의가 너무 어렵다 보니 실무적으로 이를 구별하기가 쉽지 않다. 그래서 다음과 같은 실무지침을 두어 이들을 구별한다.

무형자산으로 처리할 수 있는 활동 (실 11. 14)	당기비용으로 처리해야 하는 활동 (실 11. 13)
개발비(무형자산)	경상개발비(당기비용)
• 생산 전 또는 사용 전의 시작품과 모형을 설계·제작 및 시험하는 활동 • 새로운 기술과 관련된 공구·금형·주형 등을 설계하는 활동 • 상업적 생산 목적이 아닌 소규모의 시험 공장을 설계·건설 및 가동하는 활동 • 새롭거나 개선된 재료·장치·제품·공정·시스템 및 용역 등에 대하여 최종적으로 선정된 안을 설계·제작 및 시험하는 활동	• 새로운 지식을 얻고자 하는 활동 • 연구결과 또는 기타 지식을 탐색·평가·최종 선택 및 응용하는 활동 • 재료·장치·제품·공정·시스템·용역 등에 대한 여러 가지 대체안을 탐색하는 활동 • 새롭거나 개선된 재료·장치·제품·공정·시스템·용역 등에 대한 여러 가지 대체안을 제안·설계·평가 및 최종 선택하는 활동

결국 용 사장은 회사의 연구개발 부서에서 지출한 비용을 개발비로 처리하기 힘들 것으로 판단했다. 회사에서 진행하는 프로젝트는 현재 연구활동 단계에 머물고 있기 때문이다.

다만 연구 단계가 끝나고 개발 단계에 들어서서 미래 경제적 효익을 창출할 수 있음을 입증할 수 있다면 개발비로 계상할 수 있을 거라는 판단을 내렸다.

실무적으로 연구개발비를 자산으로 처리할 것인지 비용으로 처리할 것인지에 대해 판단을 내리는 것은 쉽지 않다. 따라서 기업회계기준상의 지침을 근거로 하여 회계처리를 하는 것이 추후 세무적으로도 문제가 없을 것이다.

미래를 위해서…….

연구소에서 사용한
비용 처리와 개발비 상각방법

"경리 씨, 연구 부서와 관련된 회계처리는 어떻게 하는지 알고 있나요?"

"아니요. 경험한 바가 없어서요."

"좋습니다. 이 기회에 연구 부서와 관련된 회계처리 방법 등에 대해 보고서를 작성해 주세요."

왕경리는 용 사장이 지시한 연구개발 부서에 대한 회계처리를 검토하기 시작했다.

'일단 관련 비용은 경상개발비로 처리하면 되겠지. 그렇다면 이 비용은 손익계산서의 어느 곳에 위치할까? 판매관리비? 아니면 영업외비용? 그런데 연구 부서에서 사용한 비용들은 어떻게 처리하지?'

왕경리는 도대체 어떻게 정리해야 할지 감이 생기지 않았다. 그는 나회계 대리의 회계처리에 의존할 수밖에 없었다. 나회계 대리는 다음과 같이 연구비 등을 관리하라고 일러 주었다.

〈연구비 및 개발비 관리지침〉
- 연구소에서 사용되는 유형자산은 유형자산 과목으로 계상한다(이후 이 자산에 대한 감가상각비는 '연구비' 항목으로 회계처리한다).
- 연구소의 운영에 소요된 모든 비용(인건비, 감가상각비, 기타 직·간접비)은 판매관리비의 '연구비'로 처리한다.
- 개발활동과 관련된 인건비, 유형자산의 수선비, 감가상각비 등은 '개발비'로 처리해 상각 조건에 따라 감가상각을 한다. 이때의 계정과목은 제조원가 또는 판매관리비 중 '무형자산상각비'로 처리한다.
- 경상적으로 발생되는 개발비는 발생 원천에 따라 제조원가 또는 는 판매관리비의 '경상개발비'로 처리한다.

나회계 대리는 앞의 회계처리 지침에 맞는 사례들을 하나하나씩 소개해 주었다.

① 연구소에서 사용되는 자산의 처리 방법
연구소에서 사용되는 자산은 앞에서 본 유형자산의 처리에 준해 자산으로 처리하면 된다. 예를 들어 연구소에서 사용될 컴퓨터 등을 구입했다면 다음과 같이 처리한다.

(차변) 비품(컴퓨터) 2,000,000   (대변) 현금 2,000,000

(차변) 차량운반구 20,000,000   (대변) 현금 20,000,000

이 자산들은 향후 감가상각과정을 거쳐 다음과 같이 회계처리된다. 예를 들어 컴퓨터에 대한 당해 연도 감가상각비는 50만 원이라고 하자.

(차변) 감가상각비 500,000   (대변) 감가상각누계액 500,000

이렇게 처리한 후 차변의 감가상각비를 연구비로 대체시킨다.

② 연구소에서 지출되는 비용의 처리

연구소에서 발생하는 비용 중에는 인건비나 앞에서 본 감가상각비 그리고 각종 직·간접비들이 있다. 따라서 회사에서 인건비를 지급하는 경우 연구비 등의 항목으로 처리하게 된다. 예를 들어 보자.

사례 ···

어느 기업의 인건비가 다음과 같이 지급된다고 할 때 회계처리를 해 보자. 단, 원천징수된 세금이나 보험료 등은 없다고 하자.

구분	인원	금액	계정과목
제조 부서	100	200,000,000	노무비
연구 부서	20	40,000,000	연구비
개발 부서	10	20,000,000	개발비
일반 부서	200	400,000,000	급여
계	330	660,000,000	

(차변) 노무비(제조원가) 200,000,000   (대변) 현금 660,000,000

　　　연구비(비용) 40,000,000

　　　개발비(자산) 20,000,000

　　　급여(비용) 400,000,000

　　노무비는 제조원가로 처리돼 제품원가에 포함되고 연구비와 급여는 판매비와 관리비인 당기비용으로 처리된다. 개발비는 무형자산으로 처리된 뒤 감가상각과정을 거쳐 비용 처리가 된다.

③ 개발비와 관련된 상각방법

무형자산이 개발비로 처리되는 경우에 그 개발과 관련해 지출되는 모든 비용은 일단 자산인 '개발비'로 모이게 된다. 그리고 이 금액은 상각 조건에 따라 감가상각된다. 일반기업회계기준과 세법상 상각기준은 다음과 같다.

일반기업회계기준의 상각기준	법인세법상의 상각기준
• <u>상각 시작</u>: 자산이 사용 가능한 때 • <u>상각기간</u>: 통상 20년 범위 내 • <u>상각방법</u>: 정액법, 체감잔액법(정률법 등), 연수합계법 등 합리적인 방법. 단, 합리적인 방법을 정할 수 없다면 정액법	• <u>상각 시작</u>: 관련 제품의 판매 또는 사용이 가능한 시점 • <u>상각기간</u>: 20년 범위 내에서 연단위로 신고한 기간 • <u>상각방법</u>: 매사업연도별 경과 월수에 비하여 상각하는 방법(정액법. 20년 범위 중 선택하고 그 기간 내에서 월할 상각함)

세법에서는 개발비의 상각 시점을 자산이 판매나 사용이 가능한 시점부터 시작한다. 상각기간은 20년 내에서 당 회사가 선택하면 될 것이다. 그 방법은 정액법으로 한다.

참고로 세법에서는 기업이 연구개발비를 지출하는 경우에는 세액 공제를 적용하고 있다. 그런데 이의 요건을 잘못 적용한 세금추징사례가 많이 발생하고 있다. 주의하기 바란다.

Tip 　영업권의 감가상각방법

사업의 양수도 과정에서 양도 및 양수 자산과는 별도로 양도 사업에 관한 허가·인가 등 법률상의 지위, 사업상 편리한 지리적 여건, 영업상의 비법, 신용, 명성, 거래선 등 영업상의 이점 등을 감안한 적절한 평가방법에 따라 유상으로 취득한 금액을 '영업권'이라 하며 이는 무형고정자산으로 분류된다.

일반적으로 권리금을 영업권으로서 유상 취득한 경우에는 감가상각비를 장부상 계상해 손금으로 산입할 수 있다. 이때 당해 영업권의 감가상각방법은 정액법이며 내용연수는 5년을 적용한다.

Tip 　국제회계기준과 무형자산

우리나라가 도입한 국제회계기준(K-IFRS)의 무형자산에 대한 내용이 종전의 국내회계기준이나 일반기업회계기준에서 규정한 것과는 큰 차이를 보이고 있다. 예를 들어 종전에는 무형자산은 무조건 20년 이내에 합리적인 방법으로 상각을 해야만 했다. 하지만 K-IFRS에서는 무형자산을 상각자산과 비상각자산으로 나누고, 이 중 비상각자산은 상각 대신 손상평가를 하도록 하고 있다. 여기서 대표적인 비상각자산에는 영업권이 있다. 따라서 영업권을 보유한 기업의 경우 앞으로 이익이 증가할 가능성이 높다. 이에 대해서는 감가상각비를 계상할 수 없기 때문이다.

회사가 갚아야 할 부채에는 어떤 것들이 있을까

왕경리는 든든 세무법인의 도움을 받아 회사와 관련된 계정과목 대부분을 이해하게 됐다.

'휴, 이런 것이 회계구나. 정말 힘들었어. 하지만 뭔가를 배우고 이해한다고 생각하니 남은 것이 많군. 앞으로 더 열심히 해서 회사에 이바지해야지.'

왕경리는 두 주먹을 불끈 쥐었다.

그런데 사장이 결재 중에 왕경리를 부르더니 다짜고짜 부채는 어떻게 분류되는지 궁금하다고 했다.

"사장님, 아시다시피 부채는 유동성 배열법에 따라 유동부채와 비유동부채로 나뉘게 됩니다. 유동부채에는 단기차입금과 미지급금이나 예수금 등이 있고 비유동부채에는 장기차입금과 퇴직급여충당금 등이 있습니다."

"아, 우리 왕경리 씨, 이제 회계박사가 됐네? 그런데 미지급비용과 미지급금은 어떻게 구분이 되나요?"

"사장님, 그것은……."

왕경리는 꿀 먹은 벙어리가 됐다.

부채는 쉽게 말하면 회사가 갚아야 할 빚이다. 회사를 운영하다 보면 이래저래 빚을 쓰게 마련이다. 빚을 갚지 못하면 부도가 나기 때문에 잘 관리해야 한다. 그렇다면 부채에는 어떤 종류가 있는지 이를 나열해 보자. 부채는 크게 유동부채와 비유동부채로 나뉜다.

〈유동부채〉

① **매입채무:** 일반적인 상거래에서 발생하는 외상매입금 또는 지급어음을 말한다.

② **단기차입금:** 금융기관으로부터의 당좌차월액과 1년 내 상환될 차입금으로 한다. 한편, 마이너스통장은 어떻게 처리를 할까?

마이너스통장 잔액이 (+)인 경우: 잔액을 보통예금으로 분류

마이너스통장 잔액이 (-)인 경우: 차입금으로 분류

예)

• 마이너스통장 잔액이 100만 원인 상태에서 500만 원을 인출하는 경우

(차변) 현금 5,000,000   (대변) 보통예금 1,000,000

                                         단기차입금 4,000,000

• 이자가 10만 원 빠져나간 경우

(차변) 이자비용 100,000   (대변) 보통예금 100,000

③ **미지급금과 미지급비용:** 미지급금과 미지급비용은 일반적인 상거래 이외에서 발생한 채무라는 점은 같다. 다만, 계약상 지급기일의 경과로 지급의무가 확정된 것은 미지급금이라고 하고, 비용은 발생했으나 지급의무기일이 도래하지 않은 것은 미지급비용이라고 한다.

예) ○○기업의 임차료 지급일은 매월 10일로서 후불로 월 150만 원을 지급하고 있다. 자금 사정으로 11월분과 12월분이 지급되지 않았다면 회계처리는? 단, 부가가치세는 무시한다.

- 11월분 미지급분

  (차변) 지급임차료 1,500,000   (대변) 미지급금 1,500,000

- 12월분 기간경과분

  (차변) 지급임차료 1,000,000*   (대변) 미지급비용 1,000,000

  *1,500,000×2/3=1,000,000

④ **선수금과 선수수익:** 선수금은 건설공사나 제품제조를 수주하는 경우, 동 수주공사·수주품 및 일반적 상거래에서 발생한 선수액을 말한다. 한편 선수수익은 일반적인 상거래가 아닌 영업외수익거래에서 미리 받은 이자나 임대료 등을 말한다.

⑤ **예수금:** 종업원으로부터 급여 지급 시 공제한 근로소득세, 주민세, 국민연금, 건강보험료와 매출 시 상대방으로부터 수취한 부가세 예수금 등을 말한다. 이 예수금은 일반적 상거래 이외에서 발생한 경우 처리되는 계정이고, 선수금은 일반적 상거래에서 미리 돈을 받을 때 처리되는 계정이다.

〈부가가치세 신고 관련 예수금〉

예) 물건을 구입하는 데 110만 원을 썼고 이를 220만 원에 판매했다면 부가가치세는 다음과 같이 처리된다.

- 구입 시

(차변) 상품 1,000,000 (대변) 현금 1,100,000

부가세 대급금 100,000

- 판매 시

(차변) 현금 2,200,000 (대변) 매출 2,000,000

부가세 예수금 200,000

앞에서 '부가세 대급금'은 자산 항목이며, '부가세 예수금'은 부채 항목이다. 부가가치세는 법인의 경우 분기당 1회씩 신고하므로, 신고 시(또는 재무제표 작성 시) 다음과 같이 회계처리를 해야 한다.

- 신고 시 회계처리

(차변) 부가세 예수금 200,000 (대변) 부가세 대급금 100,000

현금 100,000

결국 부가세 예수금에서 부가세 대급금을 상계한 후 잔액만 납부되는 셈이 된다.

⑥ **미지급법인세:** 법인세 등의 미지급으로 한다.

⑦ **미지급배당금:** 이익잉여금처분계산서상의 현금배당액으로 한다.

⑧ **유동성장기부채:** 비유동부채 중 1년 내 상환될 부채를 말한다.

예) 비유동부채인 사채에서 당기말로부터 1년 내 상환해야 할 사채가 1억 원이라면 다음과 같이 처리해야 한다.

(차변) 사채 100,000,000   (대변) 유동성장기부채 100,000,000

⑨ 기타

〈비유동부채〉

① 사채: 사채(社債)는 주식회사가 일반인들에게 돈을 빌리기 위해 발행하는 유가증권이다. 사채를 발행하면 다음과 같이 재무상태표에 표시된다.

사채　　　　×××
사채할증차금　×××
(사채할인발행차금)　(×××)　×××

② 장기차입금: 1년 후에 상환되는 차입금을 말한다. 차입액, 차입용도, 이자율, 상환방법 등을 주석으로 기재한다.

③ 장기성매입채무: 유동부채에 속하지 않는 일반적 상거래에서 발생한 장기의 외상매입금 및 지급어음으로 한다.

④ 장기부채성충당금(최신 용어로는 '장기충당부채'라 한다): 1년 후에 사용되는 충당금으로서 그 사용 목적을 표시하는 과목으로 기재한다. 장기부채성충당금에는 판매보증충당금(판매보증충당부채), 퇴직급여충당금(퇴직급여충당부채) 등이 있다.

⑤ 기타

부채는 기업이 앞으로 갚아야 할 채무를 말한다. 그런데 회계에서 이 부채는 우리가 생각하는 것보다 그 범위가 훨씬 더 넓다. 예를 들면 현재 시점에서는 확정된 것이 아니지만 언젠가는 발생하는 퇴직급여가 그렇다. 퇴직급여는 퇴직 시점에 발생하는 자산의 유출이지만 수익비용대응의 원칙에 따라 매년 일정액을 퇴직급여(비용)로 처리하고 상대 계정을 퇴직급여충당금(부채)으로 계상한다(다만, 이 퇴직급여충당금 제도는 사실상 2016년부터 폐지된 대신에 퇴직연금 분담금 제도가 적용되고 있다). 판매보증비도 마찬가지이다. 제품을 팔고 1년간은 무상 A/S를 제공하면 언젠가는 그에 관련된 비용이 발생할 것이다. 따라서 수익비용대응의 원칙에 입각해 당해 연도에 판매분에 해당되는 판매보증비는 비용으로 잡을 필요가 있다. 이에 대한 상대 계정과목으로는 판매보증충당금이라는 부채를 인식하게 된다.

이렇듯 현재의 원인으로 향후에 자산으로 유출될 가능성이 커지게 되면 이렇게 부채를 인식하는 것이 타당하다.

한편 앞과 같은 충당금들은 부채의 한 항목을 이루지만 대손충당금은 자산에서 차감하는 형식으로 표시된다. 물론 대손충당금의 상대 계정은 대손상각비로서 비용에 해당한다.

이 외에 우발채무라는 것이 있다. 이 우발채무는 당해 기업이 손해배상청구를 당하는 등의 사유로 향후 순자산 감소 가능성이 확실하고 손실금액의 추정이 가능한 경우 부채의 한 항목으로 처리할 수 있다.

부채도 자산과 마찬가지로 이런 평가과정에 따라 당기손익이 달라지기 때문에 회계기준이나 세법의 내용을 잘 파악할 필요가 있다.

대손충당금과 퇴직연금 부담금 회계처리 방법

"에이, 거래처 중 하나가 부도를 내고 도망을 가 버렸네. 아직 외상 대가 500만 원이나 남아 있는데…….".

용 사장은 왕경리를 불러 이 부분에 대한 처리를 부탁했다. 왕경리는 우선 책을 보고 확인차 나회계에게 질문을 던졌다.

"지금 거기는 대손충당금이 계상되지 않았으므로 다음과 같이 회계처리를 해야 할 것 같습니다."

(차변) 대손상각비 5,000,000   (대변) 매출채권 5,000,000

"이렇게 되면 비용이 발생하고 자산이 없어지겠네요? 그런데 대손충당금은 언제 어떻게 쌓는 거죠? 또 나중에 도망간 사람이 나타나서 돈을 변제하면 어떻게 처리해야 하나요?"

왕경리의 질문은 꼬리에 꼬리를 물고 이어졌다.

외상매출금이나 단기대여금 또는 미수금 등 채권 중 회수가 불확실한 채권은 나중에 회수될 가능성이 떨어진다. 따라서 일반기업회계기준(제6장)에서는 이에 대해 합리적이고 객관적인 기준에 따라 산출한 대손추산액을 대손충당금으로 설정하도록 하고 있다. 예를 들어 외상매출금 1,000만 원 중 100만 원이 대손될 가능성이 있다면 다음과 같이 회계처리를 한다는 것이다.

(차변) 대손상각비 1,000,000   (대변) 대손충당금 1,000,000

이 회계처리는 다음과 같이 손익계산서와 재무상태표에 표시된다.

〈손익계산서 표시 형식〉

Ⅳ. 판매관리비
　　대손상각비 1,000,000

〈재무상태표 표시 형식〉

과목	금액	
외상매출금 (대손충당금)	10,000,000 1,000,000	9,000,000

대손상각비는 손익계산서상의 비용으로 처리된다. 외상매출금이라는 자산이 감소됐기 때문에 재무상태표의 외상매출금은 900만 원으로 표시되고 있다. 참고로 대손충당금은 평가계정과목으로서 재무상태표상 해당 계정금액 아래에 차감 표시되고 있다.

그런데 이러한 거래들은 외부와의 거래가 아니므로 기업이 자의적으로 처리할 가능성이 있다. 그래서 기업회계기준과 세법에서는 계상범위 등에 대해 상세히 정하고 있다.

예를 들어 회계기준은 다소 애매모호하지만 과거의 대손경험률 등을 고려해 합리적으로 정하도록 하고 있다. 다만 실무적으로는 채권 잔액별로 연령분석법을 적용하고 있다. 하지만 세법은 좀 더 명확하게 이를 규정하고 있다. 예를 들어 기업이 대손상각비를 무한히 계상하는 것을 방지하기 위해 대손사유, 채권의 범위, 한도액 등을 두고 있다. 특히 세법에서는 대손사유가 상법에 의한 소멸시효(1~3년), 어음수표법에 의한 소멸시효(6월, 3년 등) 완성 등에 해당해야 대손상각비를 인정해 준다. 따라서 회계 담당자들은 대손상각비를 계상할 때 세법의 내용을 충분히 숙지해야 한다.

한편 퇴직급여충당금(기업회계기준에서는 퇴직급여충당부채로 부름)도 앞의 대손충당금과 유사한 논리를 갖고 있다.

퇴직급여는 전 임직원이 퇴직할 때 지급받은 돈이다. 그런데 이를 퇴직할 때 비용 처리할 것인가 아니면 발생했을 때 비용 처리할 것인가를 결정해야 한다. 현행 일반기업회계기준(제21장 21.8)에서 '퇴직급여충당금은 회계연도 말 현재 전 임직원이 퇴직할 경우 지급해야 할 퇴직금에 상당하는 금액으로 한다'고 돼 있다.

예를 들어 만일 최초 사업연도에 지급할 퇴직금은 1,000만 원이라고 하자. 이 경우 기업회계기준에 의한 회계처리는 다음과 같다.

(차변) 퇴직급여 10,000,000　　　(대변) 퇴직급여충당금 10,000,000

다음 해에는 퇴직금이 누적돼 2,500만 원이라고 하자. 그러면 다음

해의 순증가분인 1,500만 원에 대해서 회계처리를 추가한다.

(차변) 퇴직급여 15,000,000   (대변) 퇴직급여충당금 15,000,000

만일 어떤 사람이 퇴직해 퇴직금을 500만 원 지급했다면 다음과 같이 처리된다.

(차변) 퇴직급여충당금 5,000,000   (대변) 현금 5,000,000

그런데 위와 같이 퇴직급여충당금으로 비용 처리하는 방식은 2016년부터 사실상 폐지되었다. 세법이 이러한 방식을 더 이상 인정하지 않기 때문이다. 그 대신 기업이 외부 금융기관에 퇴직금을 적립하는 경우에만 비용으로 인정한다. 이를 퇴직연금 부담금 제도라고 하는데, 이에는 확정기여형 연금과 확정급여형 연금 두 가지가 있다. 전자는 매년 연봉의 1/12 이상을, 후자는 근로자가 퇴직할 때 사전에 정해진 퇴직금에 맞춰 퇴직연금을 지급하는 제도를 말한다. 전자의 경우 부담금을 납부할 때 비용 처리를 하면 회계처리가 끝난다. 예를 들어 부담금이 1,000만 원이라면 '(차변) 퇴직급여 1,000만 원 (대변) 현금 1,000만 원'으로 회계처리를 한다. 하지만 후자는 부담금 납입시 '(차변) 퇴직연금운영자산 ××× (대변) 현금 ×××', 비용 처리시 '(차변) 퇴직부담금 ××× (대변) 퇴직연금충당금 ×××'으로 처리한다(기업회계기준 제21장 참조).

자본을
분해해 보자

"자본은 단순히 자산에서 부채를 차감한 순재산 가액이라고 생각했어요. 그런데 막상 자본 항목을 보니 그게 아니라는 생각이 듭니다."

왕초보는 자본이 몹시도 복잡하게 구성돼 있음을 보고 이절세 팀장에게 하소연했다.

"그래 왕초보, 잘 보았어. 개인이면 자본은 내 돈이라고 생각해도 무방하겠지만 기업은 좀 달라."

이절세 팀장은 왕초보에게 자본의 속성에 대해 설명해 주었다.

자본은 자산에서 부채를 차감한 잔액, 즉 순재산을 말한다. 이 자본은 통상 기업 운영에 소요되는 자금을 기업의 외부에서 조달하는 것과 과거의 경영 활동 결과에 의해 기업 내부에 축적된 이익잉여금으로 구성돼 있다. 결국 이는 부채와 더불어 현재 자산의 자금조달원이 되는 셈이다. 이 자본계정은 다음과 같이 자본금과 자본잉여금 그리고 이익잉여금과 자본조정계정으로 나뉜다.

중분류	세분류	내용
자본금	보통주 자본금 우선주 자본금	배당 등에서 우선적 지위를 갖는 주식
자본 잉여금	주식발행초과금 기타 자본잉여금	주식발행 시 액면가액(보통 주당 5,000원)을 초과한 금액 감자차익, 자기주식처분이익 등
이익 잉여금	법정적립금 임의적립금 차기이월 이익잉여금	법률에 따라 적립하는 적립금(이익준비금, 재무구조개선적립금) 회사 임의에 따라 적립하는 적립금 당기의 이익잉여금처분계산서상의 차기이월이익잉여금
자본 조정	주식발행할인차금 자기주식	주식발행가액이 액면가액에 미달하는 금액 회사가 이미 발행한 주식을 주주로부터 취득한 경우

※ 위 자본 항목에 기타포괄손익누계액이라는 항목도 포함된다. 여기서 포괄손익이란 주주와의 자본거래를 제외한 모든 거래나 사건에서 인식한 자본의 변동을 말한다. 이러한 포괄손익의 일부는 손익계산서에 표시되며, 일부는 재무상태표의 자본 항목에 표시된다. 자본 중 기타포괄손익누계액으로 표시되는 항목에는 기존의 자본조정 항목에 있던 매도가능증권 평가손익이나 해외사업환산손익 등이 있다. 참고로 국제회계기준에서는 앞의 자본 항목을 크게 자본금, 기타자본구성요소, 이익잉여금으로 구분한다. 그 결과 자본 항목이 상당히 단순 해졌다.

먼저, 자본금을 보자.

자본금은 주주 등이 기업에 투자한 원금을 말한다. 기업은 이 투자금을 받아 회사를 경영한다. 그리고 배당 등의 방법을 통해 보상한다. 물론 주주들은 보유주식을 개별적으로 팔 수 있다.

자본금은 발행주식의 종류에 따라 보통주 자본금·우선주 자본금 등으로 분류한다. 우선주는 보통주에 비해 배당 등을 우선적으로 받을 수 있는 권리를 가진 주식을 말한다.

만일 회사 설립 시 액면 5,000원에 1만 주를 발행한 경우라면 회계 처리는 다음과 같이 한다.

(차변) 현금 50,000,000   (대변) 자본금 50,000,000

둘째, 자본잉여금을 보자.

자본잉여금이란 증자나 감자 등 자본과 관련된 거래에서 발생한 잉여금을 말한다. 이러한 잉여금은 손익거래에서 발생한 거래가 아니므로 이익잉여금과 혼동해서 표시해서는 안 된다. 자본잉여금계정에는 주식발행초과금, 감자차익, 기타 자본잉여금 등이 있다.

예를 들어 회사 설립 후에 액면가는 5,000원이나 주당 1만 원으로 신주 1,000주를 발행한 경우에는 다음과 같이 자본금과 주식발행초과금이 생긴다.

(차변) 현금 10,000,000   (대변) 자본금 5,000,000
                          주식발행초과금 5,000,000

한편 이월결손금 500만 원이 있어 이를 보전하기 위해 자사의 총 주식 1만 주를 7,000주로 병합했다면 다음과 같이 자본잉여금의 하나인 감자차익이 생긴다. 단, 액면가는 5,000원이라고 하자.

(차변) 자본금 15,000,000   (대변) 이월결손금 5,000,000
                           감자차익 10,000,000

이 경우 자본금 1,500만 원이 감소했고 그 대신 이월결손금 500만 원이 없어졌으며, 나머지 1,000만 원은 자본잉여금인 감자차익으로 처리됐다.

셋째, 이익잉여금에 대해 알아보자.

이익잉여금은 과거에서부터 현재까지의 영업활동에서 발생해 기업 내부에 남아 있는 유보이익을 말한다. 이에는 법정적립금(이익준비금 등), 임의적립금, 미처분이익잉여금이 있다. 법정적립금은 법에서 적립할 것을 규정해 적립하는 것(예: 상장법인 재무관리규정에 의한 재무구조개선적립금 등)을 말하고 임의적립금(예: 사업확장적립금, 사채상환적립금 등)은 회사가 임의대로 쌓은 금액을 말한다.

예를 들어 ○○기업의 전기에서 이월된 이익잉여금이 1,000만 원이고 당기의 당기순이익이 2,000만 원이라고 하자. 이렇게 되면 ○○기업은 총 3,000만 원의 잉여금이 생긴다. 이 중 1,000만 원은 현금배당이고 100만 원은 이익준비금이라면 다음과 같이 회계처리를 한다.

● **당기순이익에 대한 회계처리**

(차변) 이월이익잉여금 10,000,000   (대변) 처분전이익잉여금 30,000,000
         당기순이익 20,000,000

● **현금배당 등에 대한 회계처리**

(차변) 처분전이익잉여금 30,000,000   (대변) 미지급배당금 10,000,000
                                    이익준비금 1,000,000
                                    이월이익잉여금 19,000,000

넷째, 자본조정은 이렇다.

자본조정은 자본금, 자본잉여금, 이익잉여금 이외의 임시적 성격의 자본 항목이다. 이 계정은 자본에 부가 또는 차감하는 형식으로 다음과 같이 기재한다. 통상 상각 또는 처분손익에 가감돼 소멸한다(자세한 내용은 뒤에서 살펴보자).

Ⅰ. 자본금	
Ⅱ. 자본잉여금	
Ⅲ. 이익잉여금	
Ⅳ. 자본조정	
주식할인발행차금	(×××)
배당건설이자	(×××)
자기주식	(×××)
매도가능평가이익	×××
매도가능평가손실	(×××)

자본금을 늘리는
세 가지 방법

야무진은 최근 자신의 고객이 경영하는 기업을 방문한 적이 있었다. 고객은 대표이사인 자신이 회사에 넣은 돈을 자본금으로 올릴 수 없는지 궁금하다고 물어 왔다.

야무진은 어떻게 컨설팅했을까?

실무적으로 재무상태표상의 자본금은 매우 중요하게 취급된다. 자본금은 주주나 채권자 등에게 투자원금이나 채권금액을 지급해야 하는 상징성이 있기 때문이다. 또한 관련법에서는 실질 자본금을 최하 얼마까지 유지하도록 하는 경우도 많다. 이하에서는 자본이 증가하는 경우와 관련된 여러 가지 문제에 대해 알아보자.

우선 재무상태표 구조를 다시 한번 보자.

이 기업은 현재 1만 주를 액면가인 5,000원으로 발행하여 자본금이 5,000만 원으로 되어 있다.

자산	타인자본(부채)	가수금	
		장기차입금 등	
	자기자본(자본)	자본금	50,000,000
		자본잉여금	
		이익잉여금	
		자본조정	

자본은 크게 타인자본과 자기자본으로 구별된다. 좁은 의미의 자본은 자기자본을 말한다. 이 자본은 자본금, 자본잉여금, 이익잉여금, 자본조정으로 구성된다. 그렇다면 이 중 자본금이 늘어나거나 줄어드는 경우는 어떤 때일까?

이하에서는 주로 자본금을 늘리는 세 가지 방법에 대해 알아보자.

① 주주로부터 유상증자를 받는 방법

자본금을 늘리는 가장 빠른 방법은 주주로부터 유상증자를 받는 것이다. 예를 들어 앞의 상황에서 추가로 주식 5,000주를 발행한다고 하자. 단, 액면가액은 5,000원이나 7,000원으로 발행한다. 이런 경우 회계처리와 자본의 합계는 다음과 같다.

(차변) 현금 35,000,000   (대변) 자본금 25,000,000

                                주식발행초과금 10,000,000

주주로부터 유상증자를 받게 되면 현금이 들어오게 되나 경영권에 영향을 줄 수 있다. 예를 들어 당초 주식 1만 주와 향후 추가된 주식

주주명	당초		추가		합계	
	주식 수	지분율	주식 수	지분율	주식 수	지분율
A	5,000	50%	–	–	5,000	33.3%
B	3,000	30%	–	–	3,000	20.0%
C	2,000	20%	1,000	20%	3,000	20.0%
D	–	–	4,000	80%	4,000	26.7%
계	10,000	100%	5,000	100%	15,000	100.0%

5,000주의 지분 비율은 위와 같이 변할 수 있다.

이렇게 유상증자를 할 때는 경영권 문제를 생각해야 하고 주당 증자가액을 얼마로 할 것인지도 아울러 검토해야 한다. 회사는 주가가 높으면 적은 주식으로도 많은 자본을 끌어들일 수가 있어 투자자금 등으로 사용할 수 있기 때문이다. 참고로 주주 간에 불균등증자 시에는 증여세 문제 등이 발생하므로 이에 주의해야 한다.

② 무상증자를 이용하는 방법

앞과 같은 유상증자 방법이 아니라 자본잉여금이나 이익잉여금을 자본금으로 올리는 방법을 생각해 보자.

먼저, 자본잉여금은 자본과 관련된 거래 활동에서 생긴 잉여금을 말하는데 상법에서는 이 금액을 이사회나 주주총회의 의결에 따라 자본에 전입하거나 이월결손금에 보전할 수 있도록 하고 있다.

예를 들어 앞의 자본잉여금 1,000만 원을 자본금으로 올려 보자. 현재 액면가액은 5,000원이므로 신주를 2,000주(10,000,000원/5,000원) 발행할 수 있다.

(차변) 주식발행초과금 10,000,000   (대변) 자본금 10,000,000

그렇게 되면 자본은 다음과 같이 변한다. 자본금은 당초 5,000만 원과 추가 유상증자 2,500만 원 그리고 무상증자 1,000만 원으로 구성된다.

자산	타인자본(부채)	가수금	
		장기차입금 등	
	자기자본(자본)	자본금	85,000,000
		자본잉여금	–
		이익잉여금	–
		자본조정	–

또한 원칙적으로 주주들은 자기지분에 비례적으로 주식을 무상으로 받게 되므로 무상증자 전의 지분율과 무상증자 후의 지분율은 변하지 않게 된다.

주주명	당초		추가		합계	
	주식 수	지분율	주식 수	지분율	주식 수	지분율
A	5,000	33.3%	666	33.3%	5,666	33.3%
B	3,000	20.0%	400	20.0%	3,400	20.0%
C	3,000	20.0%	400	20.0%	3,400	20.0%
D	4,000	26.7%	534	26.7%	4,534	26.7%
계	15,000	100.0%	2,000	100.0%	17,000	100.0%

③ 가수금을 자본금으로 만드는 방법

대표이사가 자기 돈을 법인 통장에 넣어서 이를 법인이 사용하는 경우 이는 대표이사에 대한 차입금(사업연도 중에는 '가수금'으로 처리된다)에 해당한다.

그런데 회사의 실적이 좋지 않으면 이 가수금을 변제할 능력이 없으므로 가수금이 계속 재무제표상에 차입금으로 잡혀 있게 된다. 따라서 회사의 재무상태를 견실하게 보이고자 이 가수금을 자본금으로 전입할 수 없을까 고민하게 된다. 하지만 주금납입은 현실적으로 현금으로 해야 하므로 가수금을 바로 자본전입할 수는 없다. 다만 다음과 같은 형식을 통하면 가수금이 자본금으로 바뀔 수 있다.

- 자본금 납입

  (차변) 현금 10,000,000　　　　　　(대변) 자본금 10,000,000

- 가수금(차입금) 변제

  (차변) 가수금(차입금) 10,000,000　　　　(대변) 현금 10,000,000

차변과 대변의 현금을 상계하면 결국 가수금은 소멸하고 자본금 10,000,000원이 추가됐음을 보여 주고 있다.

최근에는 상법개정으로 인해 가수금도 자본으로 전입할 수 있게 되었다. 다만, 이를 위해서는 감정인의 채권평가와 법원의 인가신청이 필요하다고 한다.

이월결손금을 없애는
세 가지 방법

이절세 팀장이 한 기업의 재무상태표를 열심히 들여다보고 있다. 그런데 '어, 이 회사 왜 자본잠식이 됐지? 이러면 앞으로 경영이 상당히 힘들어질 텐데…….' 이 회사는 결손금이 많이 나 자본이 잠식되어 있었다.

여기서 자본잠식이란 자기자본이 마이너스가 된 상황을 말한다. 자기자본이 마이너스이므로 이런 상황에서 회사 경영은 그야말로 전적으로 부채에 의존하게 돼 대외신용도가 나빠지고 여러 가지 면에서 회사에 치명타를 안겨다 줄 가능성이 높다.

그래서 각 기업의 경영자들은 자본 상태를 나타내는 재무상태표를 매우 중요하게 생각한다. 만일 재무상태표상의 자본이 탄탄하다면 외부의 이해관계자들은 이 기업의 내부를 보지 않고서도 상당한 믿음을 보인다.

실무적으로 자본잠식의 원인은 주로 결손 때문이다. 그래서 결손이 나면 이를 어떻게 없앨지에 대해 고민할 필요가 있다. 예를 들어 어떤 기업의 자본이 다음과 같이 표시됐다고 하자.

자산	타인자본(부채)	가수금	
		장기차입금 등	
	자기자본(자본)	자본금	100,000,000
		자본잉여금	20,000,000
		이익잉여금	−30,000,000
		자본조정	−
		계	90,000,000

현재의 자본은 9,000만 원으로 당초 자본 1억 2,000만 원보다 자본이 3,000만 원 축소됐음을 나타내고 있다. 이런 상황은 주주들에게 돌아가야 할 자본의 일부가 경영부실로 외부로 일부 유출됐다고 할 수 있다. 따라서 지금 상태는 바람직하지 못한 자본구조에 해당한다.

이런 상황에서 결손금을 없애 자본을 늘리는 방법을 연구해 보자.

첫째, 매출을 많이 올려 이익을 많이 내면 된다. 자본이 축소되는 이유는 대부분 경영성과가 좋지 않아서이다. 따라서 자본잠식이나 자본축소에서 벗어나는 길은 역시 경영성과를 높게 올리는 것이다. 이익잉여금이 많아지면 당연히 자본도 많아지기 때문이다.

둘째, 유상증자를 하는 방법이 있다.

유상증자는 자본금을 늘리는 방법이다. 하지만 자본금은 외부의 주주들이 투자하는 돈이기 때문에 투자수익과 배당 수익을 노리는 주주들에게 투자의 합리성이 확보돼야 할 것이다.

셋째, 자본을 감소시키는 방법이 있다.

자본을 감소시키는 방법은 결손 책임을 주주들에게 전가하는 방법이다. 예를 들어 앞의 결손금 3,000만 원을 없애기 위해 액면가액이 5,000원인 자사 총주식을 2만 주에서 1만 4,000주로 병합했다. 이렇게 되면 다음과 같이 재무상태표가 변한다.

(차변) 자본금 30,000,000   (대변) 이월결손금 30,000,000

자산	타인자본(부채)	가수금	
		장기차입금 등	
	자기자본(자본)	자본금	70,000,000
		자본잉여금	20,000,000
		이익잉여금	–
		자본조정	–
		계	90,000,000

이 외에도 당해 자본잉여금과 이익잉여금을 결손금에 보전할 수 있다. 다만 회계기준에서는 보전 순서를 이익잉여금 중 '임의적립금 → 기타 법정적립금 → 이익준비금' 순으로 하고, 이렇게 다 사용하고도 결손금이 있을 때는 자본잉여금을 사용하도록 하고 있다.

이익잉여금을 꺼내 쓸 때 유의할 점

'법인기업의 이익잉여금은 어떻게 밖으로 가지고 갈 수 있을까?'

현실적으로 기업 규모가 크지 않는 중소기업은 이익잉여금 배당에 대해 큰 관심을 갖지 않는다. 주식이 분산되어 있지 않을 뿐더러 주주가 곧 경영진을 구성하기 때문이다. 하지만 대기업처럼 규모가 크고 주식이 분산된 경우에는 이익잉여금의 처리를 두고 말이 많다.

주주들은 한 푼이라도 더 배당받으려고 압력을 넣는 반면 회사는 적정 배당을 하고 나머지는 사내에 유보시키고 싶어 하는 욕구가 상충되기 때문이다. 일반적으로 기업이 경영하면서 벌어들인 이익잉여금을 사외로 유출하는 방법은 다음과 같다.

- 사외로 지출: 배당금이나 상여금 지급
- 법에 의해 사내에 유보로 적립: 이익준비금이나 각종 적립금 등

- 기업 임의로 사내에 유보: 미처분이익잉여금 또는 차기이월이익
  잉여금

그런데 이러한 이익잉여금을 처분할 때는 상법 등의 규정을 잘 지
켜야 한다. 그렇지 않으면 대표이사나 이사 등에게 손해배상책임 등
이 있다. 또 세법상 불이익이 뒤따를 수 있다. 이하에서는 이익잉여금
과 관련된 중요한 회계와 세무 문제를 보도록 하자.

① 사외로 지출하는 경우

이익잉여금은 주주총회의 결의에 따라 배당금이나 상여금으로 처
분할 수가 있다. 다만 이 중 배당금을 현금으로 지급할 경우에는 현
금배당금액의 10%를 자본금의 1/2에 달할 때까지 이익준비금으로
적립해야 한다. 예를 들어 자본금이 5,000만 원인 회사에서 이익잉여
금을 1,000만 원 배당한다고 하고, 이에 대한 회계처리를 보자.

| (차변) 이익잉여금 10,000,000 | (대변) 미지급배당금 10,000,000 |
| (차변) 이익잉여금 1,000,000 | (대변) 이익준비금   1,000,000 |

이익준비금은 현금배당금의 10%인 100만 원을 자본금의 1/2인
2,500만 원에 달할 때까지 쌓아야 한다. 이익준비금은 자본금의 1/2
까지만 쌓으면 되므로 이를 넘긴 준비금은 회사가 임의적으로 쌓는
적립금에 해당한다.

② 이익잉여금을 자본전입하는 경우

이익잉여금은 자본으로 전입할 수도 있다. 그렇게 되면 주주들은 무상으로 주식을 받게 된다. 그런데 세법에서는 무상주를 받은 재원이 이익잉여금이므로, 이를 현금배당 받은 것과 똑같이 취급해 무상주를 받은 주주들에게 배당소득세를 물리고 있으므로 주의해야 한다.

③ 이익잉여금 처분과 관련한 의사결정의 예

기업 형태를 선택할 때 개인기업보다는 법인기업이 세율 측면에서 유리하다고 알려져 있다. 개인기업은 통상 종합소득세로 과세되는데 그 세율이 6~45%이고, 법인기업은 9~24%(소규모 성실신고 법인은 19~24%)로 과세되기 때문이다. 하지만 법인의 이익잉여금을 배당받을 때는 배당소득세가 과세된다. 따라서 이를 고려하면 오히려 법인기업이 더 불리해지는 경우가 있다. 그래서 배당보다는 근로소득 형태로 이익잉여금을 처분할 가능성이 있다. 구체적인 것은 아래를 참조하자.

| Tip | 법인기업이 개인기업보다 세금이 더 적다? |

기업을 법인 형태로 운영하는 것이 세금이 더 적다고 한다. 만약 법인기업의 이익잉여금을 배당으로 가져가도 그럴까?
이하에서 이런 질문에 대한 답을 찾아보자(2025년 기준).

① 개인기업 형태로 운영하는 경우
개인기업 형태로 운영하는 경우에는 다음의 이익에 대해서는 5,226만 원의 세금이

나온다(자료는 가정).

<u>이익 계산</u>: 매출액-매출원가-판매관리비 = 10억 원-5억 원-3억 원 = 2억 원

종합소득세 계산

• 과세표준: 이익-종합소득공제 = 2억 원-1,000만 원 = 1억 9,000만 원

• 산출세액: 1억 9,000만 원×38%-1,994만 원(누진공제액) = 5,226만 원

② 법인기업 형태로 운영하는 경우

앞의 기업을 법인기업 형태로 운영한다고 하자. 기업주인 대표이사의 급여는 연봉 1억 원이라고 하자.

<u>이익 계산</u>: 매출액-매출원가-판매관리비 = 10억 원-5억 원-4억 원(연봉 1억 원 포함) = 1억 원

<u>법인세 계산</u>: 산출세액: 1억 원×9% = 900만 원

근로소득세 계산

• 근로소득금액: 연봉-근로소득공제 = 1억 원-1,475만 원 = 8,525만 원

• 과세표준: 근로소득금액-종합소득공제 = 8,525만 원-1,000만 원 = 7,525만 원

• 산출세액: 7,525만 원×24%-576만 원(누진공제액) = 1,230만 원

이렇게 법인으로 하면 법인세와 근로소득세가 부과되나, 개인사업자로 했을 때보다 세금 크기는 축소된다. 왜냐하면 개인사업자에게 누진세율로 부과되던 소득세가 법인과 개인의 소득으로 분산되기 때문이다. 특히 법인소득으로 잡힌 소득에는 세율이 소득세보다 낮게 잡힌다. 법인세는 과세표준이 2억 원까지는 9%, 2~200억 원까지는 19%로 과세가 된다.

③ 개인입장에서 본 가처분 소득의 크기

먼저 개인사업을 하는 경우 가처분 소득은 다음과 같다.

• 2억 원-5,226만 원(사업소득세) = 1억 4,774만 원

다음으로 법인으로 사업하는 경우 가처분 소득은 다음과 같다.

• 1억 원-1,230만 원(근로소득세) = 8,770만 원

이상의 두 결과를 놓고 보면 법인으로 하는 경우가 6,004만 원(1억 4,774만 원-8,770만 원) 정도가 가처분 소득이 적다. 하지만 그 돈 이상은 회사 내에 남아 있다. 회사도 이익이 1억 원 발생해 세금을 900만 원 냈으니 나머지 9,100만 원이 회사 내 남아 있다는 뜻이다. 이렇게 본다면 법인으로 하는 것이 세금이 덜 나가는 방법이다. 하지만 회사에 남아 있는 금액을 모두 가져오려면 개인(주주)은 세금을 더 부담해야 한다.

④ 이익잉여금을 근로소득으로 가져오는 경우

예를 들어 세금 부과 전에 법인의 이익인 1억 원을 전액 근로소득으로 추가해 대표이사가 가져온다면 법인세는 없지만 근로소득세 등의 증가로 세금이 늘어난다. 다음을 보자.

<u>이익 계산</u>: 매출액-매출원가-판매관리비 = 10억 원-5억 원-5억 원(연봉 2억 원 포함) = 0원

<u>법인세 계산</u>: 산출세액 0원

<u>근로소득세 계산</u>

- 근로소득금액: 연봉-근로소득공제 = 2억 원-1,675만 원 = 1억 8,325만 원
- 과세표준: 근로소득금액-종합소득공제 = 1억 8,325만 원-1,000만 원 = 1억 7,325만 원
- 산출세액: 1억 7,325만 원×38%-1,994만 원(누진공제액) = 4,589만 5,000원

결국 개인사업자가 일시적인 세금 부담을 피하고자 법인으로 전환하고 법인에 유보된 소득을 근로소득이나 배당소득 등으로 다시 가져올 때는 생각보다 많은 세금을 추가로 부담해야 한다.

※ 참고로 2025년의 종합소득세 세율은 6~45%이다. 그리고 법인세율은 9~24%(소규모 성실신고 법인은 19~24%)이다. 근로소득공제는 급여수준에 따라 최고 7%에서 최저 2%까지 공제하는 제도를 말한다. 소득세법 47조를 참조하기 바란다.

자본조정은
왜 하는가

왕경리는 자본조정이란 계정과목이 몹시도 눈에 거슬렸다.

'도대체 자본조정을 왜 할까?'

지금까지 잘해 왔지만 이 부분을 어떻게 이해할 수 있을까 고민이 앞섰다. 하지만 이 계정과목도 원리만 알면 금방 터득할 수 있을 것 같았다.

'뭐, 지금까지 잘해 왔는데 이거라고 별수 있겠어?'

회계 초보자들에게 자본조정이란 계정과목은 다소 생소한 것에 속한다. 자본을 왜 조정하는가부터가 이해하기 힘들기 때문이다.

자본조정이란 자본의 항목인 자본금, 자본잉여금, 이익잉여금으로 분류할 수 없는 성격의 임시적 과목을 말한다. 즉 자본금이나 자본잉여금 등은 그 성격이 확연히 드러나 자본의 한 항목을 이룬다. 하지만 자본조정은 자본계정에 속하는 것이 확실하지만 구체적으로 어떤 계정으로 처리할지가 정해지지 않은 상태의 것을 말한다. 따라서 언제 어떤 회계처리를 하느냐에 따라 그 자본조정 항목의 운명이 바뀌게 된다.

이러한 자본조정 항목에는 주식할인발행차금, 배당건설이자, 자기주식, 주식매수청구권 등이 있다.

이하에서는 이런 항목이 왜 발생하는지, 어떻게 해서 없어지는지, 재무제표에 어떤 영향을 주는지 '주식할인발행차금'의 예로 들어 보겠다.

주식발행가액이 주식의 액면가액보다 낮게 발행되는 경우가 있다. 예를 들면 액면가액은 주당 5,000원인데, 주식의 발행가액이 4,000원이라고 하자. 1주만 발행됐다면, 회계처리는 어떻게 해야 할까?

| (차변) 보통예금 4,000 | (대변) 자본금 5,000 |
| ? 1,000 | |

현행 상법에서 자본금은 액면가액으로 장부에 기록하도록 하고 있다. 따라서 액면가보다 낮은 금액은 할인된 금액이므로 이를 다른 계정과목으로 메울 수밖에 없다.

기업회계기준에서는 이러한 상황에서 사용되는 계정과목을 자본조정의 한 항목인 '주식발행할인차금'으로 한다. 그렇다면 이 주식할인발행차금은 완전한 자본 항목이 아니므로 언젠가는 없어지게 된다. 그래서 기업회계기준에서는 이에 대해 주식발행연도부터 3년 이

내의 기간에 매기 균등액을 상각하고 동 상각액은 이익잉여금처분으로 하고 있다. 예를 들어 앞의 1,000원을 3년 동안 균등상각하면 1년에 약 333원이 된다. 이 금액을 다음과 같이 이익잉여금(당기순이익)과 상계시키도록 하고 있다.

(차변) 미처분이익잉여금 333　　(대변) 주식발행할인차금 333

이렇게 되면 자본계정의 자본조정 중 주식할인발행차금은 당초 1,000원에서 333원이 빠진 667원만 남아 있는 것으로 표시된다. 한편 이익잉여금처분계산서에서는 이익잉여금 중 333원이 주식발행할인차금상각에 충당되는 것으로 나타난다. 즉 다음처럼 재무상태표와 이익잉여금처분계산서가 표시된다.

재무상태표	**이익잉여금처분계산서**
자본	
Ⅳ. 자본조정	Ⅲ. 이익잉여금처분액
주식발행할인차금(667)	1. 주식할인발행차금상각(333)

결국 주식할인발행차금은 자본 충실을 저해하는 것이므로 일단 자본조정으로 두었다가, 이익을 낸 3년 동안에 나누어서 이를 메우라는 뜻으로 해석하면 될 것이다.

참고로 만일 결손이 난 경우에는 그다음 연도로 이월해 처리하고 주식발행초과금이 있으면 서로 상계해 처리한다.

주주가 변동될 때 조심해야 할 것들

"이번에 저희 사장님께서 주식의 일부를 양도한다고 합니다. 구체적으로 어떻게 해결해야 하나요?"

용 사장은 본인의 주식 일부를 팔아 그 대금으로 그동안 자신이 개인적으로 빌려 왔던 돈을 갚으려 하고 있었다. 물론 그가 주식을 팔아도 경영권에는 문제가 없었다.

"일단 비상장주식에 해당하니까 양도소득세와 증권거래세를 내야 합니다. 또 법인세 신고할 때 '주식등변동상황명세서'에 정확히 기재해야 합니다."

아무리 조그마한 기업이라도 법인 형태로 운영된다면 그 회사의 자본금을 댄 주주들이 있게 마련이다. 물론 회사 설립 초기에는 자본금을 댄 주주들이 대개 가족들이거나 심지어 1인 주주 형태로 구성돼 있기도 한다.

하지만 회사가 점점 커지면서 그 회사의 주식이 증권거래소에 상장이라도 되면 주주들이 셀 수 없이 많아질 수 있다. 이런 과정에서 편법 거래가 일어날 수 있다. 그래서 세법은 이를 방지하는 제도적인 장치를 마련하고 있다.

예를 들어 주식을 자녀 등 특수 관계에 있는 자에게 양도하거나 증여할 때 관련 증여세 등을 부과한다. 또 해당 회사가 주식을 추가 발행하거나 자본을 감소시키는 과정에서 특수 관계자에게 유리한 혜택을 주는 경우 증여세 등을 추징하고 있다. 따라서 평소 회사에서는 주식에 대한 관리를 철저히 해야 한다. 그렇지 않으면 세무상 문제가 여기저기서 터질 가능성이 높다.

일단 아래에서는 앞에서 왕경리가 질문한 사항을 해결해 보자. 먼저, 주식을 양도할 때는 다음과 같은 형식의 주식매매계약서를 작성해야 한다.

〈주식매매계약서〉

○○○(양도자, 이하 갑)과 ○○○(양수자, 이하 을) 간에 다음과 같이 주식매매계약을 체결한다.

주식 내용　　상호: (주)○○○
　　　　　　　　사업자등록번호:
　　　　　　　　주소:

제1조: 매매대상 주식 수
제2조: 매매대금
제3조: 권리행사
제4조: 기타

　　　　　　　　20○○년 ○○월 ○○일

양도자 인적사항 및 날인
양수자 인적사항 및 날인

이렇게 작성된 계약서는 양도자와 양수자가 각자 한 부씩 보관하고 증권거래세와 양도소득세를 신고할 때 사본을 제출하면 된다.

한편, 자녀나 친척 등 세법상 특수 관계자에게 주식을 양도할 때는 증여세 문제에 주의해야 한다. 현행 세법에서는 양도일 전후로 3개월 내 비상장주식 등이 거래가 되고 그 가격이 특수 관계자 간 거래가격보다 높거나 낮은 경우에는 증여세의 문제가 나타나기 때문이다 (실무적으로 주식이동 시는 반드시 세무 전문가의 확인을 요한다).

둘째, 증권거래세와 양도소득세는 어떻게 신고하는지 알아보자.

현행 세법에서는 원칙적으로 주식을 매매할 때 양도자에게 증권거래금액의 3.5/1000의 세율로 과세하도록 하고 있다. 예를 들어 5,000만 원으로 주식을 거래했다면 17만 5,000원(5,000만 원×3.5/1000)의 증권거래세를 양도일이 속하는 반기의 마지막 달로부터 2개월 내에 관할 세무서(거주자의 경우에는 주소지에 소재하고 있는 세무서)에 내야 한다.

한편, 주식에 대한 양도소득세는 실거래가액을 기준으로 양도가액에서 취득가액과 기타 필요경비 그리고 양도소득 기본공제를 적용한 후의 금액인 과세표준에 대해 과세한다. 예를 들어 보자.

만일 앞의 용 사장이 팔고자 하는 주식이 주당 1만 원이고 취득가액이 5,000원이라고 하자. 그리고 용 사장은 보유주식 중 3,000주를 양도한다면 양도소득세 계산은 다음과 같다. 기타 필요경비는 없다고 하자.

세율은 최근 개정된 중소기업 대주주에게 적용되는 20%(과세표준

3억 원 초과분은 25%)를 적용한다.

- 양도차익의 계산: 양도가액 - 취득가액과 기타 필요경비 = (10,000원
  − 5,000원)×3,000주 = 15,000,000원
- 과세표준의 계산: 15,000,000원 - 2,500,000원(기본공제) = 12,500,000원
- 산출세액의 계산: 12,500,000원×20%(중소기업 대주주 주식)
  = 2,500,000원

주식에 대한 양도소득세 세율은 일반기업의 대주주가 1년 미만 보유 후 양도 시는 30%, 중소기업 주식은 10%(대주주는 20~25%), 그 밖의 경우에는 20%를 적용한다. 참고로 여기서 대주주란 다음을 말한다.

- 유가증권 상장법인: 지분 1% 이상 또는 시가 총액 50억 원 이상
- 코스닥시장, 프리보드: 지분 2% 이상 또는 시가 총액 50억 원(코넥스시장
  상장법인은 4% 이상 또는 50억 원) 이상
- 비상장법인: 지분율 4% 이상 또는 시가총액 10억 원 이상

셋째, 주식 등 변동상황 명세서를 작성할 때는 매우 주의할 필요가 있다.

앞의 용 사장이 사업연도 중 양도한 주식은 법인세 신고 시 부속서류로 반드시 제출돼야 한다. 이를 제대로 작성해 기한 내 제출하지 않으면 가산세가 붙는다. 법인세 신고기한(통상 3월 31일)까지 제출하지 않거나 변동상황의 누락 제출 및 불분명하게 제출되면 지급금액의 1/100로 가산세를 매긴다.

부동산이 많은 법인의 주식이동 시 주의할 점

부동산이 많은 법인이 발행한 주식을 갖고 있는 상태에서 과점주주가 되면 취득세를 추가로 내게 된다(과점주주의 간주취득). 여기서 과점주주란 친척 등 특수 관계자의 주식을 합해 발행주식의 50%를 초과하는 자들을 말한다. 다만 회사 설립 시에는 이런 규정을 적용하지 않는다. 따라서 사업연도 중 주식을 제3자로부터 사서 과점주주가 되면(또는 과점주주가 된 상태에서 지분율이 높아지면) 다음과 같이 취득세를 추가 부담한다.

－**최초 과점주주 될 때**: 취득가액×취득세율×과점주주율
－**과점주주가 된 후 지분이 증가할 때**: 취득가액×취득세율×증가지분율

일반기업·중소기업회계기준에 의한 재무상태표 계정체계

		계정과목	내용
유동	당좌	현금 및 현금성자산	통화 및 수표, 당좌예금, 보통예금 등(현금성자산이란 큰 거래비용 없이 현금으로 전환이 용이한 유가증권이나 단기금융상품으로서 취득 당시 만기가 3개월 이내에 도래하는 것을 말한다)
		유가증권	단기 자금운용 목적의 재산적 증권
		외상매출금	제품, 상품 등의 판매대가(고정자산의 판매대금은 미수금으로 처리)
		받을 어음	일반적인 상거래에서 발생한 어음상의 채권
		미수금	상품, 제품 등 이외의 일시적으로 발생하는 자산 등의 판매대가
		미수수익	수익이 발생하였으나 대금을 받지 못한 경우
		선급금	상품, 원재료 등의 구입조건으로 미리 지급하는 금액
		선급비용	비용과목에 해당하는 경비를 미리 지급하는 것
		상품	영업 과정에서 판매 목적으로 소유한 물품. 주로 도소매업에서 사용
		제품	제조업에서 판매 목적으로 제조한 물품

자산			원재료	제조업에서 주원료로 사용되며 차후 제조계정의 재료비로 대체함
		재고	부재료	제조업에서 부재료로 사용되며 차후 제조계정의 부재료비로 대체
			저장품	샘플용으로 진열해 둔 상품 및 제품 등
			시송품, 적송품	시험 사용 후 판매할 물품(시송품), 위탁판매용 물품(적송품)
			미착상품	매도자가 발송했으나 매입자가 아직 받지 못한 상품
	비유동	투자	장기금융상품	유동자산에 속하지 아니하는 장기의 금융상품
			매도가능증권 또는 만기보유증권	유동자산에 속하지 아니하는 지분증권 또는 채무증권
			지분법적용투자주식	매도가능지분증권 중에서 피투자회사에 대해 중대한 영향력을 행사하는 주식
		유형	구축물	건물 이외의 토목설비
			토지 및 건물	영업용 자산으로서 취득세, 등록세 및 자본적 지출을 포함
			기계장치	재료를 가공하기 위하여 고정된 설비, 컨베이어, 호이스트 등 포함
			차량운반구	육상운반구로서 자동차, 중장비 등
			공구와 기구	내용연수가 1년 이상이고 단가가 30만 원 이상인 것
			집기비품	주로 사무용품, 컴퓨터, 전화기, 책상 등
			건설 중인 자산	유형자산 건설을 위한 재료비, 노무비, 경비로 하되 건설을 위하여 지출한 도급금액 또는 취득한 기계 등을 포함
		무형	개발비	신제품 또는 신기술 개발과 관련하여 발생한 비용
			영업권 등	합병·영업양수 등에서 유상으로 취득한 것(영업권)
		기타 비유동 자산	장기대여금	유동자산에 속하지 아니하는 장기의 대여금
			임차보증금	공장, 사무실, 기계, 차량 등의 전세나 월세의 보증금액
			이연법인세자산	유동자산으로 분류되지 않은 이연법인세자산 등

부채	유동	외상매입금	영업의 주목적으로 구입하는 원재료, 부재료 등의 대금 중 미지급액
		단기차입금	1년 이내 도래하는 채무
		미지급금	일반적 상거래 외에서 발생하는 채무, 비품 등을 외상으로 구입할 때 사용
		미지급비용	발생비용으로서 지급의무 기한이 도래하지 않은 것
		미지급세금	법인세 등의 미지급액
		유동성장기부채	비유동부채 중 1년 내 상환되는 것
		선수금	거래처로부터 상품, 제품, 원재료 등에 대한 대금의 전부 또는 일부를 계약금 등으로 받았을 때
		선수수익	받은 수익 중 차기 이후에 속하는 금액
		예수금	건강보험 및 국민연금 본인 부담금, 갑근세 예수액 등
	비유동	사채	1년 후에 상환되는 사채의 가액
		장기차입금	1년 후에 상환되는 차입금
자본	자본금		주주의 지분 또는 청구권
	자본잉여금		증자나 감자활동과 관련된 거래에서 발생한 잉여금
	자본조정	주식할인발행차금	주식발행가액이 액면가액에 미달한 경우의 그 차액
		자기주식	회사가 발행한 주식을 주주로부터 취득한 경우의 그 취득가액
	기타포괄손익누계액	매도가능증권평가손익	매도가능증권의 기말 평가액과 장부가액의 차액
		해외사업환산손익 등	해외사업환산손익, 현금흐름위험회피 파생상품 평가손익 등
	이익잉여금	이익준비금	금전배당의 10%에 해당하는 금액
		재무구조개선적립금	재무구조를 개선하기 위해 적립하는 금액

※ 국제회계기준의 분류: 납입자본금(자본금, 자본잉여금, 자본조정), 타자본구성요소(기타포괄손익누계액), 이익잉여금

—

4장

손익계정에서
경영성과가
나온다

업종별
매출 인식법

왕경리와 야무진이 오랜만에 만났다.

"경리 씨, 일 재미있어?"

"네, 지금은 많이 숙달돼서인지 재미가 붙었어요. 좀 더 잘하려면 어떻게 해야 하나요?"

"하하. 역시 우리 경리 씨는 욕심도 많아. 경리 씨라면 하나하나씩 차분히 해결하면 안 되는 것이 없을 거야. 크게 봐서는 자산과 부채는 취득원가와 평가에 주의하고, 수익과 비용은 인식기준에 유의하면 되겠지."

일반적으로 매출은 총매출에서 매출에누리, 환입, 매출할인을 수익에서 차감해 계상한다. 그런데 이러한 매출은 어느 시점에 인식하느냐에 따라 궁극적으로 당기순손익이 달라지며 세금 또한 달라진다. 따라서 수익을 언제 인식할 것인지를 결정하는 것은 매우 중요하다. 이에 대해 일반기업회계기준(제16장)에서는 수익인식 기준을 아주 상세히 다루고 있다. 이하에서는 수익인식 기준을 대략적으로 정리하고 좀 더 구체적인 것은 한국회계기준원의 홈페이지에서 자료를 다운받아 사용하면 된다.

① 재화판매의 인식조건

원칙적으로 재화를 판매해 발생한 수익은 다음 조건이 충족될 때 인식한다.

- 재화의 소유에 따른 위험과 효익의 대부분이 구매자에게 이전된다.
- 판매자는 판매한 재화에 대해 소유권이 있을 때 통상적으로 행사하는 정도의 관리나 효과적인 통제를 할 수 없다.
- 수익금액을 신뢰성 있게 측정할 수 있다.
- 경제적 효익의 유입 가능성이 매우 높다.
- 거래와 관련해 발생했거나 발생할 거래원가와 관련 비용을 신뢰성 있게 측정할 수 있다.

수익은 통상적인 경영 활동에서 발생하는 경제적 효익의 총유입을 말한다. 자산의 증가 또는 부채의 감소로 나타난다. 그런데 이 수익을 장부로 계상할 수 있는 이론적인 기준은 위처럼 경제적 효익의 유입 가능성이 매우 높고, 그 효익을 신뢰성 있게 측정할 수 있을 때 인식한다. 다만 이 기준은 다소 추상적이므로 실무에서는 구체적으로 다음과 같은 지침에 따라 처리한다.

재화판매 관련 수익인식 실무지침

구분		수익인식 기준
재화판매	원칙	재화의 인도 기준
	할부판매	재화의 인도 기준(단, 할부이자수익은 유효이자율법을 적용하여 계상)
	상품권판매	상품권 발행과 관련된 수익: 재화 인도 시점 상품권 판매 시: 선수금 처리
	위탁판매	수탁자가 제3자에게 판매한 시점
	재판매 목적으로 중개상에 판매	구매자에게 인도한 시점(단, 구매자가 실질적으로 판매자의 대리인 역할만을 하는 경우 이 거래를 위탁거래로 보아 처리)
	정기간행물	• 판매가액이 매기간 동일: 구독기간 정액법으로 인식 • 판매가액이 매기간 부정액: 발송품목 판매가액/모든 품목의 예상 총판매가액
	부동산	인도 시점(단, 소유권 이전에 위험과 수익이 구매자에게 실질적으로 이전되고 판매자가 계약 완료를 위한 더 이상 중요한 행위의 수행의무가 없다면 그 행위 완료일 시점)
	종합상사, 인터넷 중개판매 등	수출업무를 대행하는 종합상사나 제품공급자로부터 받은 제품을 인터넷상에서 중개판매하거나 경매하고 그 수수료만 수취하는 전자쇼핑몰 회사는 관련 수수료만 수익으로 인식해야 한다. 즉 기업이 재화와 소유에 따른 위험과 효익을 가지지 않고 타인의 대리인 역할을 수행하여 재화를 판매하는 경우 판매가액 총액을 수익으로 계상할 수 없고 판매수수료만을 수익으로 인식해야 한다.

② **용역판매의 인식조건**

용역제공 수익은 용역제공거래의 성과를 신뢰성 있게 추정할 수 있을 때 진행기준(용역의 진행 정도에 따라 매출수익을 인식하는 방법)에 따라 인식한다. 다음 조건이 모두 충족되는 경우에는 용역제공거래의 성과를 신뢰성 있게 추정할 수 있다고 본다. 다만 용역제공과 관련해 아래의 조건을 하나라도 충족하지 못하는 경우에는 진행기준을 적용하지 않고 인식된 범위 내에서 회수 가능한 금액을 수익으로 인식한다.

- 거래 전체의 수익금액을 신뢰성 있게 측정할 수 있다.
- 경제적 효익의 유입 가능성이 매우 높다.
- 진행률을 신뢰성 있게 측정할 수 있다.
- 이미 발생한 원가 및 거래의 완료를 위해 투입해야 할 원가를 신뢰성 있게 측정할 수 있다.

위의 진행률은 다양한 방법으로 측정할 수 있다. 다만 기업은 용역제공거래의 특성에 따라 작업 진행 정도를 가장 신뢰성 있게 측정할 수 있는 방법을 선택해야 한다. 예를 들면 진행률은 다음과 같은 방법을 이용해 계산할 수 있다. 이 경우 고객으로부터 받은 중도금 또는 선수금은 작업 진행 정도를 반영하지 않을 수 있으므로 적절한 진행률로 보지 않는다.

- 총예상작업량(또는 작업 시간) 대비 실제작업량(또는 작업 시간)의 비율
- 총예상용역량 대비 현재까지 제공한 누적 용역량의 비율
- 총추정원가 대비 현재까지 발생한 누적원가의 비율(총추정원가는 현재까지의 누적원가와 향후 수행해야 할 용역의 원가를 합계한 금액을 말한다)

이하에서 용역판매 관련 수익인식 실무지침을 보자.

용역판매 관련 수익인식 실무지침

구분		수익인식 기준
용역판매	원칙	• 진행기준*(단, 진행기준 적용이 불가한 경우 발생한 비용의 범위 내에서 수익을 인식한다) • 단, 중소기업기본법상 중소기업(상장 및 코스닥 등 등록법인 제외)은 1년 내 완료되는 예약매출이 용역제공일에 인식 가능한 특례를 두고 있다.
	기업컨설팅	정액법, 작업 시간, 작업 일자 기준에 따라 인식
	방송사 광고수익	• 광고를 대중에게 전달하는 시점 • 광고제작 용역은 진행기준
	보험대리인	보험 개시일 또는 갱신일(단, 보험계약기간 동안 추가용역을 제공할 것이 거의 확실한 경우에는 수수료를 이연하여 보험계약기간 동안 수익으로 인식한다)
	수강료	강의 기간 동안 발생기준에 따라 인식
	프랜차이즈 수수료	• 설비 등의 제공 수수료: 인도 시점, 소유권 이전 시점 • 운용지원용역 제공 수수료: 용역이 제공되는 시점
	주문개발 소프트웨어	진행기준

* 국제회계기준에 의한 아파트 예약매출(분양매출)은 인도 기준을 적용하여 인식한다. 종전의 규정이나 일반회계기준은 진행기준을 사용한다. 이렇게 수익인식 기준이 바뀌게 됨으로써 아파트를 신축하여 분양하는 건설사들에게 많은 영향을 줄 것으로 보인다. 분양완료 전까지 받은 분양선수금은 수익과 대체되지 않으므로 여전히 부채로 남아 부채비율이 올라가고, 매출액의 변동성도 커지는 등 다양한 재무적 영향이 발생하기 때문이다.

이 외에도 이자, 배당금, 로열티 등에 대한 수익인식 기준이 다음과 같이 마련돼 있다.

아래의 내용은 초보자의 입장에서는 어려울 수 있다. 대충 훑고 넘어가더라도 큰 문제가 없을 것이다.

〈이자, 배당금, 로열티 수익인식 지침〉

① 원칙

- 일시불 로열티(Downpayment Royalty): 선수수익 계상 후 제공 기간 동안 안분
- 경상 로열티(Running Royalty): 발생 시점에서 인식

② 거래유형별

- 상표권, 특허권, 소프트웨어, 음반저작권, 영화필름 등의 자산을 사용하게 한 대가로 수취하는 수수료와 로열티는 계약의 실질적인 내용에 따라 수익으로 인식한다.

라이선스 사용자가 특정 기간 동안 특정 기술을 사용할 권리를 갖는 경우에는 계약기간 동안 정액법으로 수익을 인식하는 것이 적절하다. 그러나 라이선스 제공자가 라이선스 제공 이후에 추가적인 의무가 없으며 사용자에게 라이선스를 자유롭게 사용하도록 허용하는 취소 불능 계약하에서, 일정한 사용료나 환급 불능 보증금을 받는 것은 실질적인 판매이다.

영화사가 배급업자를 전혀 통제할 수 없으며 또한 영화상영으로 인한 추가적인 수입이 없다면 실질적인 판매로 보아 영화상영권을 배급업자에게 제공하는 시점에 수익을 인식한다.

- 라이선스 사용료 또는 로열티의 회수 여부가 미래 특정 사건의 발생 여부에 따라 달라질 수 있다. 이 경우 라이선스 사용료나 로열티를 받을 가능성이 거의 확실한 시점에 수익으로 인식한다. 일반적으로 그 시점은 미래 특정 사건이 실제로 발생하는 시점과 동일하다.

Tip **세법상 매출인식 기준**

세법은 각 기업이 일반기업회계기준이나 관행을 계속적으로 적용해 온 경우에는 세법에서 달리 적용한 것을 제외하고는 당해 기업회계기준 등을 수용하고 있다. 실무적으로 세법에서는 다음의 예처럼 극히 일부에 대해서만 일반기업회계기준을 배제하고 있다.

- 기업회계기준은 반품 추정액을 매출과 매출원가에서 차감하도록 하고 있으나 세법은 이를 허용하지 않는다.

매출 회계처리 틀 잡기 사례

"경리 씨! 우리 회사 매출은 어떤 방법으로 결산서에 올리는지 검토 좀 부탁해요."

용 사장은 매출을 어떻게 인식하느냐에 따라 당기의 경영성과가 달라진다는 사실을 알고는 그 내용이 궁금해졌다.

왕경리는 책을 보면서 자기 회사의 매출을 인식하는 데도 많은 것을 검토해야 한다는 사실을 깨달았다. 그래서 이번 기회를 통해 자신이 몸담고 있는 회사의 수익인식 기준을 확실히 정리하고 싶었다.

일반기업회계기준 제16장 적용사례 19를 보니 프랜차이즈와 관련된 수익은 다음과 같이 회계처리해야 한다고 돼 있었다. 한편 로열티 명목으로 거둬들이는 수익은 바로 앞에서 본 로열티 수수료에 대한 수익인식 기준을 참고하면 될 것이다.

프랜차이즈 수수료 수익인식 지침

프랜차이즈 수수료는 창업지원용역, 운영지원용역, 설비와 기타 유형자산 및 경영기법의 제공에 대한 대가를 포함할 수 있다. 따라서 프랜차이즈 수수료는 부과목적에 따라 다음과 같이 수익으로 인식한다.

① 설비와 기타 유형자산의 제공에 따른 수수료는 해당 자산을 인도하거나 소유권을 이전하는 시점에 제공된 자산의 공정가액(최근 용어가 '공정가치'로 바뀌었음)을 기초로 산정한 금액을 수익으로 인식한다.

② 창업지원용역과 운영지원용역 제공에 따른 수수료는 다음과 같이 수익으로 인식한다.
- 운영지원용역 수수료는 용역이 제공된 시점에 수익으로 인식한다. 단, 별도로 수취하는 운영지원용역 수수료가 운영지원용역의 원가를 회수하고 적정이익을 보장하는 데 충분하지 못한 경우에는 창업지원용역 수수료의 일부를 이연하여 운영지원용역 제공시점에 수익으로 인식한다.
- 계약에 따라 프랜차이즈 본사는 제3자에게 판매하는 가격보다 저렴한 가격 또는 적정 판매이익이 보장되지 않는 가격으로 설비, 재고자산, 기타 유형자산을 가맹점에 제공할 수 있다. 이 경우 추정원가를 회수하고 적정 판매이익을 보장할 수 있도록 창업지원용역 수수료의 일부를 이연한 후, 설비 등을 가맹점에 판매하는 기간에 수익으로 인식한다.
- 나머지 창업지원용역 수수료는 프랜차이즈 본사가 제공해야 하는 모든 창업지원용역과 기타 의무 사항(예: 가맹점 입지선정, 직원교육, 자금 조달, 광고에 대한 지원)의 대부분이 수행된 시점에 수익으로 인식한다.
- 일정 지역을 대상으로 하는 지역가맹점계약의 경우 창업지원용역 수수료는 창업지원용역이 실질적으로 완료된 가맹점 수에 비례하여 수익으로 인식한다.
- 창업지원용역 수수료가 장기간 동안 회수되고 이를 완전히 회수하는 데 상당한 불확실성이 존재하는 경우에는 현금수취 시점에 창업지원용역 수수료를 수익으로 인식한다.

③ 프랜차이즈 본사가 단순히 가맹점을 대리해 거래하는 경우 수익은 발생하지 않는다. 예를 들면, 프랜차이즈 본사가 가맹점에 공급할 물품을 대신 주문해 원가로 가맹점에 인도하는 거래에서는 수익이 발생하지 않는다.

이상과 같이 수익인식 기준이 확정됐다면 이제 거래가 발생할 때마다 위의 기준에 따라 매출을 인식하면 된다. 예를 들어 보자.

사례

용 사장의 회사에서는 이번 달 중 G 가맹점을 개설했다. 이 가맹점으로부터 받은 돈은 3년간 상표권 사용에 대한 명목으로 받았다고 하자. 그리고 이 돈은 반환 불가능한 1,000만 원(부가가치세 포함 시 1,100만 원)과 점포 개설 및 교육 등으로 받은 500만 원(부가가치세 포함 시 550만 원)이라고 하자. 수익은 어떻게 인식해야 하는가?

● **상표권 사용대가**

-대가 수취 시

  (차변) 현금 11,000,000   (대변) 선수수익 10,000,000

                                       부가세 예수금 1,000,000

-결산 시

  (차변) 선수수익 3,333,333   (대변) 매출 3,333,333

일단 앞에서 상표권 사용명목으로 받은 돈은 라이선스 사용자가 특정 기간 동안 특정 기술을 사용할 권리를 갖는 경우에는 계약기간 동안 정액법으로 수익을 인식한다. 따라서 계약기간이 3년이므로 1년 동안 약 333만원씩 수익을 나누어 처리한다.

- **창업지원용역**

(차변) 현금 5,500,000	(대변) 매출 5,000,000
	부가세 예수금 500,000

창업지원용역 수수료는 프랜차이즈 본사가 제공해야 하는 모든 창업지원용역과 기타 의무 사항(예: 가맹점 입지선정, 직원교육, 자금 조달, 광고에 대한 지원)의 대부분이 수행된 시점에 수익으로 인식한다. 만일 수익인식이 되지 않음에도 불구하고 돈을 받은 경우에는 선수금으로 처리하고 수익인식 시기에 맞춰 매출로 대체시킨다.

매출이 눈덩이처럼
커지는 원리

'매출도 뻥튀기가 가능할까?'

얼마 전까지도 자기매출이 아님에도 불구하고 자기매출로 잡아 매출을 계상하는 일들이 많았다. 매출이 많아 보이면 규모도 있어 보여 은행권의 대출심사나 기타 사회적으로 좋은 평가를 받을 수 있었기 때문이다. 그런데 자기매출이 아님에도 불구하고 이를 어떻게 자기매출로 올릴 수 있었을까?

예를 들어 중개자가 물건 판매금액의 10%를 수수료로 받는다고 하자. 그리고 물건공급자는 10만 원에 소비자에게 팔고자 한다.

이런 상황이라면 중개자는 수수료인 1만 원만을 매출로 잡아야 한다. 그런데 중개자가 매출을 높이기 위해서 다음과 같이 회계처리를 할 수 있다. 단, 물건공급자가 구입한 원가는 9만 원이라고 하자.

매출 100,000원

- 매출원가 90,000원

= 이익 10,000원

이렇게 되면 손익계산서상 매출이 1만 원에서 10만 원으로 보이게 된다. 하지만 이익은 중개수수료만 처리했을 때와 똑같은 1만 원이 된다.

또 다른 사례를 하나 더 보자.

다음 사례는 A와 D가 직거래를 하나 C가 B라는 통신망을 통해 자금결제를 대행해 주는 경우이다. 이때 결제대행을 담당하는 C 회사는 A가 결제 시스템 이용을 함으로써 준 대가만을 매출로 인식해야 한다. 그런데 만일 C가 B로부터 받은 금액을 매출로 잡고 A에게 판매대금으로 송금하는 것을 매입으로 잡으면 이 역시 매출이 뻥튀기가 된다.

* 통신사업자의 수수료가 공제된 후의 금액
** 대금결제자의 수수료가 공제된 후의 금액

이렇게 매출이 부풀려지면 재무제표가 왜곡되게 나타난다. 그래서 현행 일반기업회계기준서에서는 총액매출이 아닌 순액매출로 매출액을 계상해야 하는 기준(일반기업회계기준 제16장 적용 사례 10)을 다음과 같이 마련하고 있다.

수수료 수취를 목적으로 하는 회사의 수익인식 기준

기업이 재화의 소유에 따른 위험과 보상을 가지지 않고 타인의 대리인 역할을 수행하여 재화를 판매하는 경우에는 판매가액 총액을 수익으로 계상할 수 없으며 판매수수료만을 수익으로 인식해야 한다. 다음과 같은 예가 이에 해당한다.

① 임대업을 영위하는 회사는 임대매장에서 발생하는 매출과는 무관하므로 임차인으로부터 수취하는 임대료만 수익으로 인식해야 한다.
② 수출 업무를 대행하는 종합상사는 판매를 위탁하는 회사를 대신해 재화를 수출하는 것이므로 판매수수료만 수익으로 계상해야 한다.
③ 제품공급자로부터 받은 제품을 인터넷상에서 중개판매하거나 경매하고 수수료만을 수취하는 전자 쇼핑몰 운영회사는 관련 수수료만 수익으로 인식해야 한다.

한편 매출은 언제 어떤 방법으로 인식하는가가 매우 중요하다. 그 결과에 따라 당기손익이 달라지고 내는 세금이 달라진다.

수익인식 기준 이외에도 주의할 것들이 있다. 예를 들면 매출에누리가 발생하거나 매출할인이 발생하는 경우 이를 어떻게 반영하는지, 또 단순히 중개수수료를 수취하는 거래일 때 수수료만 매출로 인식할 것인지 거래대상금액까지 매출로 인식할 것인지 등이 그렇다. 이 외에 세법적으로 세금계산서를 어떻게 끊어야 하는지 등도 매우 중요하다.

이 중 매출에누리나 할인 등이 발생했을 때의 처리법만을 알아보자.

매출에누리는 매출품의 수량 부족이나 품질 불량 또는 대량 구입 등의 이유로 매출 당시에 매출대가에서 공제하는 금액을 말한다. 매출할인은 매출을 외상으로 한 후 그 채권의 조기 회수를 위해 일정액을 할인해 주는 금액을 말한다. 이러한 거래행위가 일어난 경우에는 다음과 같이 매출을 감액해야 한다.

(차변) 매출 ×××   (대변) 현금 또는 매출채권 ×××

참고로 매출할인이 발생하면 부가가치세 과세표준에서 제외하므로 수정세금계산서를 교부해야 한다. 예를 들어 7월 1일에 매출이 110만 원(부가세 포함)으로 확정됐으나, 9월 1일에 11만 원만큼 할인되었다면 감액분에 대해서는 사유가 발생한 때에 (-)세금계산서를 발행해야 한다는 것이다. 따라서 감액사유가 발생한 날이 9월 1일이므로 이때 공급가액 (-)10만 원, 부가가치세 (-)1만 원이 기재된 수정세금계산서를 교부한다.

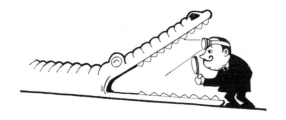

세금계산서도 수정할 수 있을까

"나 대리님, 저 세금계산서 끊는 방법 좀 알려 주세요."

왕경리는 용 사장에게서 세금계산서는 회계와 세무의 근간을 흔들 수 있는 아주 중요한 증빙이라고 들었다.

"네, 잘 알겠습니다. 제가 자료를 드릴 테니 한번 보시기 바랍니다."

실무적으로 세금계산서 제도는 기업에 매우 중요하다. 세법에서 세금계산서에 대해 여러 가지 사항을 규제하고 있기 때문이다. 예를 들면 세금계산서를 발행해야 하는데 이를 누락한 경우, 세금계산서 발행 시기를 어긴 경우, 세금계산서 합계표를 제출하지 않는 경우 등 이루 헤아릴 수 없을 정도로 많다.

따라서 경영자나 실무자들은 세금계산서를 어떻게 주고받아야 하는지와 어떤 의무를 준수해야 하는지 등에 대해 미리 지침을 만들어

둘 필요가 있다.

① 세금계산서의 기능

재화 등을 공급한 사업자는 세금계산서상의 공급가액과 부가가치세를 거래 상대방으로부터 수령하게 된다(요즘은 전자적 형태로 수령한다). 그러므로 세금계산서는 부가가치세를 다음 거래 단계에 전가시키는 수단이 된다.

한편 공급받는 자에게는 세금계산서가 매입세액을 공제받기 위한 필수적인 서류가 된다.

Tip   **무자료거래가 틀통나는 이유**

공급자는 매출처별 세금계산서 합계표를, 공급받는 자는 매입처별 세금계산서 합계표를 각각 제출하면 과세당국은 이를 전산처리해 상호대사를 하게 된다. 이러한 상호대사과정에서 자료가 일치하지 않는 경우에는 해당 납세의무자에게 소명자료를 보내 이를 확인하도록 한다.

---

② 세금계산서 등의 종류와 교부 의무자

구분	교부 의무자	비고
세금 계산서	일반과세자가 교부	일정한 신용카드 매출전표도 포함(단, 공급받는 자와 부가가치세액이 구분기재돼야 함)
영수증	• 일반과세사업자 중 최종 사업자와 거래하는 사업자 (소매·음식업 등) • 간이과세자, 면세사업자	–
계산서	면세사업자	–

③ 세금계산서의 교부 방법

세금계산서에는 다음과 같이 필수적 기재사항과 임의적 기재사항이 있다. 필수적 기재사항이 누락되거나 사실과 다른 경우 교부한 자에게 가산세가, 공급받는 자에게는 매입세액이 공제되지 않을 수 있음에 유의해야 한다.

수적 기재사항	임의적 기재사항
• 공급하는 사업자의 등록번호와 성명 또는 명칭 • 공급받는 자의 등록번호 • 공급가액과 부가가치세액 • 작성연월일	좌측 외의 것으로 예를 들면 공급하는 자의 주소, 공급품목 등이 해당함

세금계산서는 공급하는 사업자가 공급자 보관용(매출세금계산서)과 공급받는 자 보관용(매입세액계산서) 2매를 발행해 공급자 보관용은 자신이, 공급받는 자 보관용은 공급받는 자에게 교부하면 된다(법인사업자와 직전연도 매출이 8,000만 원 이상인 개인사업자는 종이세금계산서가 아닌 전자세금계산서를 의무적으로 발행해야 한다). 한편 세금계산서의 교부시기는 다음과 같다.

• 원칙: 재화나 용역의 공급시기에 교부한다. 다만 그 공급시기가 도래하기 전이라도 세금계산서(선 세금계산서)를 교부할 수 있다.

• 특례: 다음 중 어느 하나에 해당하는 경우에는 다음 달 10일까지 세금계산서를 교부할 수 있다.

- 월 합계세금계산서를 발행(거래처별로 월의 거래금액을 합계한 경우)

- 거래관행상 정해진 기간의 종료일자를 발행일자로 발행하는 경우
- 증빙에 의해 실제거래사실이 확인되는 경우로서 당해 거래일자를 발행일
  자로 해 발행한 경우

수정세금계산서는 다음과 같이 교부해야 한다.

Tip   수정세금계산서 교부 방법

• **당초 공급한 재화가 환입된 경우**
  재화가 환입된 날을 작성일자로 기재하고 비고란에 당초 세금계산서 작성일자를
  부기한 후 주서(붉은색 글씨를 뜻함) 또는 부(-)의 표시를 하여 교부한다.
• **계약의 해제로 인하여 재화 또는 용역이 공급되지 아니한 경우**
  계약이 해제된 때에 그 작성일자는 계약해제일을 기재하고 비고란에 처음 세금계
  산서 작성일을 부기한 후 주서 또는 부의 표시를 하여 교부한다.
• **공급가액에 추가 또는 차감되는 금액이 발생한 경우**
  증감사유가 발생한 날을 작성일로 하여 추가되는 금액은 흑서(검은색 글씨를 뜻함)
  로, 차감되는 금액은 주서 또는 부의 표시를 하여 교부한다.
• **필요적 기재사항 등이 착오로 잘못 기재된 경우**
  경정하여 통지하기 전까지 당초에 교부한 세금계산서는 주서로, 수정하여 교부하
  는 세금계산서는 흑서로 각각 교부한다.

④ 세금계산서 교부 의무의 면제

세금계산서는 원칙적으로 과세되는 재화나 용역의 공급 시마다 교
부해야 한다. 다만, 실익이 없는 다음의 경우에는 영수증으로 갈음되
거나 교부가 면제된다.

구분	대상	비고
① 영수증 교부로 갈음	• 간이과세자 • 일반과세자 중 최종소비자를 대상으로 하는 업종(소매업·음식업·숙박업·여객운송업 등)	단, 소매업, 음식업, 숙박업 등은 세금계산서 요구 시 교부해야 함
② 교부면제	• 택시·노점, 간주임대료 • 소매업, 목욕, 이발업 등 • 영세율 적용된 것 중 일정한 것	단, 소매업은 영수증이나 세금계산서를 요구하지 않아야 교부 의무가 면제됨

즉 간이과세자는 영수증만을 발행해야 한다. 주로 최종 소비자를 대상으로 하는 업종의 일반과세자는 거래 상대방이 세금계산서를 요구하지 않으면 영수증을 교부할 수 있다. 한편 택시업이나 노점업 등과 부동산임대업의 간주임대가 적용되는 분, 수출을 하는 재화 등에 대해서는 세금계산서나 영수증의 교부 실익이 없거나 번거로움을 줄수 있으므로 세금계산서나 영수증 교부 의무를 면제한다. 다만 소매업은 상대방이 영수증이나 세금계산서를 요구하지 않아야 한다.

⑤ 세금계산서 합계표의 제출

매출 또는 매입세금계산서 합계표는 원칙적으로 예정 및 확정신고시 제출해야 하나 개인사업자는 확정신고 시에 제출하면 된다.

또한 부가가치세의 면세사업자 중 소득세 또는 법인세의 납세의무가 있는 자와 민법 제32조 규정에 의해 설립된 비영리법인 등은 과세기간 종료 후 25일 이내에 사업장 관할세무서장에게 제출해야 한다(실무적으로는 익년 1월 31일까지 제출하고 있다).

매출원가는
기말재고자산평가에 따라 달라진다

이절세 팀장이 한 기업의 재무제표를 보고 있었다.

'음, 이 회사는 매출원가가 왜 이렇게 높을까? 매출원가 몇 %만 낮춰도 이익이 많이 늘어날 것 같은데……. 어, 이게 뭐야! 재고자산이 하나도 없네? 제조업인데 재고자산이 하나도 없으면 이것 엉터리 재무제표 아냐?'

현실적으로 제조기업 등에서 재고자산이 차지하는 비중은 매우 크다. 제조기업의 이익은 매출에서 각종 비용을 차감하는 것인데 이 중 비용의 대부분을 매출원가가 차지하기 때문이다. 따라서 제조기업이 이익을 늘리려면 원가를 절감시켜 매출원가를 낮추려는 활동을 해야 한다.

다음 사례로 재고자산과 이익의 관계를 확실히 파악해 보자. A 회사는 컴퓨터 제조를 한다. 이 회사의 전월 기초재고와 당기에 제조한 제품 등이 다음과 같다고 할 때 매출원가가 나오는 과정을 살펴보자.

〈자료〉
- 매출자료: 40,000대, @₩1,500,000
- 제품자료

  기초제품재고: 10,000대, @₩1,000,000

  당기제조제품원가: 50,000대, @₩900,000

  기말제품재고: 20,000대, @₩?

매출원가, 즉 매출이라는 수익에 직접적으로 대응되는 원가는 다음과 같이 구한다.

$$매출원가 = 기초재고액 + 당기제품제조원가 - 기말재고액$$

위의 식에다 대입하면 매출원가는 다음과 같이 파악할 수 있다.

$$100억 원 + 450억 원 - ? = ?$$
$$(기초재고액) \quad (당기제품제조원가) \quad (기말재고액) \quad (매출원가)$$

그런데 여기서 기말재고액이 확정되지 않았으므로 매출원가를 확정시킬 수 없다. 그렇다면 기말재고액은 어떻게 구해야 할까? 이 기말재고액은 '수량×단가'로 구할 수 있다. 그렇다면 수량은 장부와 실물확인을 병행해서 파악한다면, 이제 단가만 결정하면 된다. 이 단가 결정방법에 대해서 일반기업회계기준(제7장)에서는 다음과 같이 정하고 있다.

"재고자산은 제조원가나 매입가액에 부대비용을 가산하고, 개별법을 적용할 수 있는 경우에는 개별법을 우선적으로 적용해 원가를 산출한다. 만일 개별법을 적용할 수 없는 경우에는 선입선출법, 후입선출법, 이동평균법, 총평균법 또는 매출가격환원법을 적용한 원가를 재무상태표가액으로 한다."

개별법은 각 재고자산별로 원가를 대응시킨 것을 말한다. 특수기계처럼 제품별로 원가를 낼 수 있을 때는 이 법으로 원가를 잡는다. 이 외에는 선입선출법이나 후입선출법 등의 방법 중 하나를 선택하면 된다.

선입선출법

선입선출법*은 '먼저 매입된 재고자산이 먼저 매출된다'는 가정 하에 재고자산을 평가하는 방법이다. 따라서 먼저 매입된 재고자산 순으로 매출원가를 계산하고 최근 매입된 재고자산이 기말재고로 보고가 된다. 따라서 앞의 기초재고 1만 대와 당기에 만든 것 중에서 3만 대가 팔렸다고 보아 원가를 구한다. 그 결과 기말재고 2만 대는 모두 대당 90만 원으로 평가된다.

---

* FIFO, first—in first—out

선입선출법에 의한 매출원가: 100억 원 + 450억 원 - 180억 원(2만 대×
@90만 원) = 370억 원

이렇게 평가한 결과 매출총이익은 230억 원(600억 원 - 370억 원)이
된다.

후입선출법

후입선출법*은 '나중에 매입된 재고자산이 먼저 매출된다'는 가정
하에 재고자산을 평가하는 방법이다. 선입선출법과 반대로 매출원가
(최근 매입된 재고자산)와 재고자산이 보고된다. 따라서 기말재고는 기
초재고 1만 대와 당기에 만든 것 중 1만 대 등 총 2만 대가 된다. 기
말재고 2만 대 중 1만 대는 @100만 원, 나머지 1만 대는 @90만 원으
로 평가된다.

후입선출법에 의한 매출원가: 100억 원 + 450억 원 - 190억 원(1만 대×
@100만 원 + 1만 대×@90만 원) = 360억 원

이렇게 평가한 결과 매출총이익은 240억 원(600억 원 - 360억 원)이
된다.

총평균법

이 방법은 기초재고와 당기에 제조한 것이 평균적으로 팔렸다고

---

* LiFO, last—in first—out, K-IFRS에서는 후입선출법을 인정하지 아니한다.

본다. 따라서 기말재고는 다음과 같이 평가된다.

총평균법에 의한 대당 원가: (100억 원 + 450억 원)/(1만 대 + 5만 대)

=916,666원

총평균법에 의한 매출원가: 100억 원 + 450억 원 - 190억 원(2만 대×

@916,666)=₩36,666,666,666원

이렇게 평가한 결과 매출총이익은 23,333,333,334원(600억 원 -
36,666,666,666원)이 된다.

할인마트나 슈퍼마켓을 위한 매출가격환원법

할인마트 등 유통업종에서 판매되는 물품 수는 수천수만 가지가 될 수 있다. 그렇다
면 기말재고액을 어떻게 평가해야 할까? 재고관리가 철저하게 된 회사라면 앞에서
본 개별법도 가능하고 원가법도 가능할 것이다. 하지만 그렇지 않은 회사라면 앞의
방법들은 한계가 있을 수밖에 없다. 그래서 이러한 회사는 매출가격환원법으로 기말
재고자산의 원가를 잡을 수 있다. 이 방법은 일단 판매가격을 기준으로 기말재고액
을 산정한다. 그리고 원가율을 정해 그 기말재고액에 이 원가율을 곱해 기말재고의
원가를 구한다.

재고자산의 가치하락분도 비용 처리가 될까

실무적으로 재고자산과 관련된 물음은 끝이 없다. 예를 들면 재고자산의 취득원가가 시가보다 하락하면 이를 어떻게 처리해야 할까? 장부상 재고와 실물재고가 일치하지 않으면 어떻게 처리가 될까? 내 마음대로 평가방법을 바꿀 수 있을까? 등등이다.

이하에서는 이런 세부적인 문제들을 살펴보자.

Q │ 재고자산의 가치가 하락하는 경우 이를 손실로 인정할 수 있을지부터 보자.

A │ 재무제표는 일정 시점에 정확한 자산으로 계상돼야 하고, 당기 경영성과도 정확히 파악돼야 유용성이 있다. 이런 관점에서 본다면 가치가 하락한 부분을 평가해 손실로 계상할 필요가 있다. 현행 기업회계기준 등에서는 재고자산의 시가가 취득원가보다

하락한 경우(사유: 진부화 등으로 정상적인 판매시장이 사라지는 경우 등)에는 시가를 재무상태표가액으로 하도록 하고 있다. 이를 저가법이라고 한다. 여기서 시가란 제품, 상품 및 재공품의 경우 좀 어려운 말로 하면 순실현가능가액을 말한다. 구체적으로 제품이나 상품의 추정판매가액에서 추가적인 원가와 판매비용 추정액을 차감한 금액을 말한다.

Q ┃ 재고자산의 저가법을 적용한 후 시가가 회복됐다면 어떻게 할까?
A ┃ 이런 상황이라면 최초의 장부금액을 초과하지 않는 범위 내에서 평가손실을 환입한다. 재고자산평가손실의 환입액은 매출원가에서 차감한다.

Q ┃ 장부상의 재고와 실물재고가 일치하지 않는 경우 어떻게 회계처리를 해야 할까?
A ┃ 회계기준에서는 둘이 일치되지 않아 발생하는 감모손실을 다음 두 가지로 구분하여 처리하도록 하고 있다.
　－정상적으로 발생한 감모손실: 매출원가에 가산
　－비정상적으로 발생한 감모손실: 영업외비용으로 분류

Q ┃ 세법은 재고자산평가에 대해 어떤 입장을 취하고 있는가? 그리고 평가방법을 기업 마음대로 변경할 수 있는가?
A ┃ 세법에서는 원칙적으로 원가법과 기업회계기준에 의한 저가법 중 하나를 선택해 신고하도록 하고 있다. 이러한 방법을 최초로 적

용하거나 변경하는 경우에는 법정기한까지 신고해야 한다. 이렇게 신고한 후 기업 마음대로 평가방법을 바꾼 경우에는 선입선출법과 당초 신고한 평가방법 중 큰 금액으로 재고자산을 평가하도록 하고 있다.

세법상 재고자산평가방법		
신고 시	무신고 시	임의로 변경 시
원가법(선입선출법 등)과 저가법 중 택일	선입선출법 (부동산은 개별법)	선입선출법과 신고한 평가방법 중 큰 금액

경비지출 시 지켜야 할 5가지 회계원칙

'회사 돈은 한번 경비로 지출되면 그것으로 끝이야. 잘못 집행돼도 돌려받을 수 없으니…….'

왕경리는 경비지출의 항목이 늘어나자 이를 통제하기가 버겁다는 생각이 들었다. 무슨 좋은 수가 없을까?

기업을 운영하다 보면 각종 경비를 지출해야 한다. 인건비, 복리후생비, 통신비, 차량유지비, 소모품비, 여비교통비, 청소비 등 일일이 셀 수 없을 정도로 많다.

그런데 이러한 경비지출에 대해 사전에 회계지침이 만들어져 있지 않으면 회계에서나 세무에서 문제 소지가 많아질 수 있다(물론 지출 수준이나 사용처 등에 대해서는 별도로 예산지침이 있어야 한다). 따라서 경비와 관련해서는 사전에 다음과 같은 처리지침을 확실히 만들어 시행하는 것이 좋다.

첫째, 경비는 제조경비 또는 판매관리비 등의 계정으로 나누어야 한다.

둘째, 중요성이 없는 항목은 계정과목을 통합해 관리한다.

셋째, 경비지출을 세법에서 인정하는지 사전에 점검한다.

넷째, 증빙과 세금 관계를 확실히 점검한다.

다섯째, 결산 때 수행하는 비용 처리법을 숙지한다.

이상의 문제를 가지고 경비지출에 대한 세무와 회계 맥을 짚어 보자.

① 경비는 제조경비 또는 판매관리비로 나누어야 하는 이유

제조기업은 일반기업과는 달리 제조과정이 있다. 이 제조과정에서 발생한 각종 노무비, 재료비, 경비들은 재공품과정을 거쳐 제조원가에 반영된다. 따라서 상식적으로 보아도 정확한 제품제조원가를 산정하기 위해서는 제조경비를 정확히 구분할 수 있어야 한다. 만일 경비지출에 대한 사전 배부기준이 없이 회계처리가 된다면 나중에 작성되는 재무상태표와 손익계산서 등은 오류로 뒤범벅이 될 것이다.

② 중요성이 없는 계정과목을 통합하는 이유

예를 들어 사무용품비를 별로 사용하지 않는 기업에서 사무용품비를 지출한다고 하자. 그렇다면 원래 그에 맞는 계정과목은 '사무용품비'가 되겠지만, 중요성 관점에서 보아 별로 중요하지 않다면 '소모품비'로 묶어서 통합 관리할 수 있다. 또 하나의 예를 들어 보자. 어떤 회사에서 전 임직원이 모여 체육대회를 열었다고 하자. 그러면 그에 따른 비용들을 어떻게 처리할까? 이러한 경우에도 중요성 관점에 따라 복리후생비 단일계정으로 처리하는 것이 실용적이다. 밥 먹은 것은 복리후생비, 소모품 산 것은 소모품비로 처리하는 것이 아니라는 것이다.

한편 계정과목은 회계기준이나 세법 등에서 정해진 대로 사용해야 하는 것은 아니다. 다만 회계정보의 이해도를 제고하는 차원에서 일반적으로 통용되는 계정과목명을 사용하는 것이 무난할 것이다.

③ 경비지출을 세법에서 인정하는지 사전에 점검해야 하는 이유

기업의 경비를 사용하는 주체가 사람이다 보니 기업회계기준이나 세법에 위배되게 집행할 가능성이 높다. 그런데 세법에서는 기업회계상 비용으로 인정이 되더라도 세법기준에 맞추어 부당하게 집행된 것들은 이를 비용으로 인정하지 않는다. 대표적으로 기업의 돈을 개인이 사용하는 경우가 그렇다. 그래서 실무자들이 비교적 안전하다고 알고 있던 법인신용카드 사용에 대해서도 다음과 같은 형식으로 사적 비용 등을 가려내기도 한다.

용도 구분	주요 사용처	건수	금액
신변잡화 구입	의류, 구두, 액세서리, 화장품, 귀금속, 안경 등		
가정용품 구입	가전제품, 가구, 주방용품, 건강식품 등		
업무 무관 업소 이용	골프연습장, 사설학원 등		
개인적 치료	성형외과, 치과, 한의원 등		
공휴일 사용	전 가맹점		

따라서 각 실무자들은 해당 비용에 대한 세법상 규제가 어떤 것들이 있는지 사전에 알고 있어야 한다. 여기에는 인건비, 복리후생비, 접대비, 차량유지비, 통신비, 감가상각비, 대손상각비 등 무수한 비용이 해당한다.

④ 증빙과 세금의 관계를 확실히 점검해야 하는 이유

세법상 인정되는 증빙은 크게 세금계산서, 계산서, 신용카드매출전표, 현금영수증 정도가 된다. 이 외에 간이영수증을 받으면 다음과 같은 불이익이 있다.

구분		카드영수증	현금영수증	간이영수증
혜택	개인	소득공제	소득공제	없음
	회사	부가세 환급	부가세 환급	없음
불이익	개인	없음	없음	없음
	회사	없음	없음	• 3만 원 초과: 가산세 2% • 접대비 3만 원 초과: 경비 불인정 • 임의작성 시: 경비 불인정

⑤ 결산 때 수행하는 비용 처리법을 알아야 하는 이유

매출원가, 감가상각비, 대손상각비 등은 현금지출이 수반되지 않으나 경비에 해당한다. 따라서 이러한 항목은 사업연도 중에 처리가 되지 않으며 결산수행 시 처리해야 된다. 이렇게 해야 손익계산서와 재무상태표의 왜곡이 생기지 않는다.

인건비와 복리후생비와 접대비 처리법

'어떻게 하면 비용을 합법적으로 처리할 수 있는가?'

모든 기업이 공통적으로 하는 고민거리이다. 여기서 '합법적'이란 세법에 기초한 처리를 의미한다고 할 수 있다.

현실적으로 경비지출과 관련해서 여러 가지 문제점이 파생되고 있다. 예를 들어 한 부서에서 업무차 출장을 간다고 하자. 이때 출장비는 어떻게 계산할 것인가, 출장 비용을 나중에 실비로 정산할 것인가, 아니면 미리 지급기준을 두어 그 금액을 지급하고 사후 정산할 것인가 등에 따라 업무 면에서 많은 차이가 난다. 또 업무상 접대를 했는데 알고 보니 법정 영수증이 아닌 것을 받았다면 이것의 회계처리를 두고 끝없는 갈등이 일어날 수 있다.

이 외에도 회사업무용으로도 사용되는 휴대폰과 차량 등에 대한 대가를 어디까지 개인에게 보조해 줄 것인가, 그리고 어떤 증빙을 준

비해야 문제가 없는지 등 끝이 없다. 각종 경비는 바로 현금지출과 같아 세법 등에서는 부당한 지출에 대해서는 모든 계정과목에 상관없이 여러 가지 제재를 하기 때문이다.

따라서 회계처리를 하기 전, 아니 돈이 지출되기 전에 세법에서 규제하는 내용들을 준수할 필요가 있다. 이하에서 주요 비용에 대한 세법기준을 살펴보자.

① 인건비

임직원을 대상으로 지급되는 인건비는 원칙적으로 비용으로 인정된다. 하지만 다음의 경우에는 해당 기업의 비용으로 볼 수가 없다. 따라서 당해 기업이 이 인건비를 재무제표에 반영했다면 이를 비용 부인함으로써 과세하게 된다.

임원들이 이사회 등을 통해 보수를 마음대로 정할 수 있어 이를 규제하는 차원에서 그렇게 한다. 다음의 경우에는 비용으로 인정하지 않는다(손금불산입 사항). 인건비는 주로 임원에 대해 규제하고 있다(사전에 상여나 퇴직급여 등에 대한 지급기준이 있어야 함에 유의).

- 통상급여보다 과다하게 지급한 경우, 비상근임원의 보수
- 임원의 상여가 정관·주총·이사회 결의에 의한 기준보다 초과하는 경우의 그 초과분
- 임원의 퇴직금이 정관(위임 포함)에 의한 금액보다 초과한 경우 그 초과분

참고로 임원이 세법에 의하지 않고 중간정산으로 퇴직금을 받으면 그 퇴직금은 가지급금에 해당된다.

② 복리후생비

복리후생비는 종업원의 복리후생을 지원하기 위해 지급되는 항목이다. 이에는 건강보험료 회사 부담금, 식대, 직원차량 보조금 등이 있다. 복리후생비의 규제 사항은 주로 접대비를 복리후생비로 처리했는가 하는 것이다. 다음에서 보게 될 접대비는 여러 가지 규제 사항이 많다. 그래서 이를 피하고자 접대비를 복리후생비 계정으로 둔갑시켜 처리하는 일들이 자주 일어나고 있다.

예를 들어 거래처 접대를 위해 6만 원을 지출했으나 영수증을 받지 못한 경우 인근의 식당 간이영수증 2장을 3만 원씩 기록해 복리후생비로 장부에 반영하는 식이다.

(차변) 복리후생비 60,000　　　(대변) 현금 60,000

현실적으로 이렇게 처리하는 것은 명백한 세법 위반이다. 따라서 경영자 및 실무자들은 복리후생비와 접대비의 구분을 사전에 확실히 하고 그 처리지침에 따라 실무에 임해야 나중에 문제 소지가 없을 것이다.

③ 접대비

접대비는 기업을 운영하는 과정에서 거래처나 이해관계자 및 지역 사회의 교제를 위해 지출하는 비용을 말한다. 구체적으로 교제비, 기밀비, 축의금, 조의금, 선물비 등이 있다.

한편 접대비와 유사한 '기부금'이란 항목이 있다. 이 기부금은 업무와 관련 없이 지출된다는 점에서 접대비와 차이가 난다.

이러한 접대비에 대해서 기업회계기준에서는 그 범위는 한정하고 있지 않지만 세법에서는 광범위하게 통제하고 있다.

첫째, 접대비는 세법상 한도가 있다. 이 한도 내에서만 비용으로 인정되고 그 초과분은 인정되지 않는다. 그 한도는 중소기업(조세특례제한법시행령 제2조에 규정된 중소기업을 말한다)과 일반기업에 따라 다르다.

- 중소기업: 기본한도(연 3,600만 원) + 추가한도
- 일반기업: 기본한도(연 1,200만 원) + 추가한도

여기서 추가한도는 수입금액에 따라 다음과 같이 적용한다.

수입금액	추가한도
100억 원 이하	1만분의 30
100억 원 초과 500억 원 이하	3,000만 원＋100억 원을 초과하는 금액의 1만분의 20
500억 원 초과	1억 1,000만 원＋500억 원을 초과하는 금액의 1만분의 3

둘째, 증빙에 대한 규제가 심하다.

일단 접대비는 3만 원을 초과해 집행하는 경우에는 무조건 신용카드 매출전표·현금영수증·세금계산서 중 하나를 받아야 한다. 만일 이것을 어길 경우 세법에서는 접대비 자체를 비용으로 인정하지 않으므로 유의해야 한다. 한편 경조사의 경우에는 건당 20만 원까지는 청첩장 등의 사본을 첨부하면 접대비로 인정받는다.

참고로 얼마 전까지만 해도 건당 50만 원 이상 지출한 접대비에 대해서는 접대내역서를 작성해 보관토록 했으나 지금은 폐지되었다. 따라서 앞으로 이러한 내역서를 따로 보관할 필요가 없어졌다.

Tip	개인카드도 접대비 처리가 될까?

법인기업의 경우에는 3만 원 이하까지는 개인카드 접대비가 인정된다. 이 금액을 초과하면 무조건 법인카드를 사용해야 한다. 물론 기타 사무용품을 사는 등 불가피하게 개인카드를 사용하는 경우에는 적법하게 비용 처리를 할 수 있다. 이 경우 대부분 부가가치세도 환급받을 수 있다.

－임직원 카드로 접대비 20만 원 지출 시
(차변) 접대비 200,000　　　　(대변) 현금 200,000
－세무조정
(손금불산입) 비적격 증빙 접대비 200,000(기타 사외유출)

회사에서는 접대비를 비용 처리했지만 법인세 신고 시 세무조정을 통해 이를 부인하게 된다.
참고로 개인기업의 경우에는 직원 명의로 접대비를 사용하는 경우라도 법인기업처럼 규제가 없으므로 적법하게 접대비 처리를 할 수 있다.

감가상각비는
어떻게 계산될까

유형자산은 시간이 경과함에 따라 점차 소모되거나 파손 또는 노후화 등의 물리적 원인이나 경제적 여건의 변화 등으로 인해 효용가치가 감소한다. 그런데 이렇게 감소된 부분은 이를 비용으로 계상할 필요가 있다. 그렇게 해야 당기손익이 정확하게 측정되기 때문이다.

이런 사유로 계상된 비용을 '감가상각비'라고 한다. 이 감가상각비는 대상금액이 확정되고 감가상각기간과 감가상각방법만 주어진다면 쉽게 해결할 수 있다.

첫째, 대상금액을 확정해 보자.

감가상각 대상 자산은 앞에서 본 것처럼 시간이 경과함에 따라 점차적으로 효용가치가 감소하는 자산을 말한다. 우리가 생각해 볼 수 있는 자산은 크게 비품, 건물, 기계장치 등이 있다. 그런데 건물을 구성하고 있는 땅은 감가상각을 할 수 있을까? 그렇지 않다. 땅은 영원히 그 상태로 존재하므로 감가상각 대상 자산이 아니다.

한편 감가상각 대상금액은 그 감가상각 자산을 취득하는 데 들어간 모든 금액이 된다. 예를 들어 건물을 산 경우 취득세 등이 들어가게 마련인데, 이러한 부대비용도 취득원가를 구성한다. 따라서 이 부대비용은 당기비용으로 처리되지 않고 감가상각을 통해 비용 처리가된다.

둘째, 감가상각기간을 결정해 보자.

감가상각기간은 상각을 할 수 있는 기간을 말한다. 그러면 해당 자산이 효용을 주는 기간은 어떻게 알 수 있을까? 그래서 실무에서는 감가상각기간을 통상 세법에서 정한 기준내용연수 중에서 선택하고 있다.

구분	자산 종류	기준내용연수	신고내용연수
건축물 등 (별표 5)	건물(철골조 등)	40년	30~50년 사이에서 선택
	차량운반구	5년	4~6년 사이에서 선택
	비품(인테리어 포함)	5년	
업종별 자산 (별표 6)	제조업	5년	
	기타	8년 등 다양	

세법에서는 우선 기준내용연수를 「법인세법 시행규칙」 제15조에서 정하고 있다. 여기에서는 위와 같이 건축물 등(별표 5)과 업종별 자산(별표 6)으로 나눠 규정하고 있다. 따라서 이 두 그룹별로 내용연수를 판단해야 한다.

일반적으로 건물, 차량운반구, 비품 등은 별표 5를 따라간다. 따라서 건물을 취득하는 경우에는 40년(연와조 등은 20년)을 기준으로 하고, 회사 실정에 맞게 30년에서 50년 사이에서 상각기간을 정할 수 있다.

하지만 위의 별표 5에 없는 자산들은 별표 6의 업종별 자산으로 상각기간을 정해야 한다. 예를 들어 기계장치를 구입한 기업이 제조업에 속한다면 이 기계는 5년이 상각기간이 된다.

셋째, 상각방법을 보자.

기업회계기준에서는 감가상각방법을 정액법, 정률법, 연수합계법 등 합리적인 방법으로 할 수 있도록 하고 있다. 하지만 세법에서는 원칙적으로 감가상각방법을 다음과 같이 정하고 있다.

구분	감가상각방법	
	신고	무신고 시
건축물	정액법	정액법
건축물 외 유형자산(비품 등)	정액법 또는 정률법	정률법

실무에서는 세법 내용을 준수해 통상 위와 같이 정액법과 정률법 중 하나를 사용하고 있다. 여기서 '정액법'이란 매 기간 동일한 감가상각비(취득금액/내용연수)를 계산한 방법을 말한다. '정률법'이란 유형자산의 사용 초기에 감가상각비를 많이 계상하도록 하는 방법을 말한다. 정률법에 의한 상각은 '미상각잔액×상각률'로 계산한다. 이 때 상각률은 내용연수가 4년이면 0.528, 5년은 0.451, 6년은 0.394가 적용된다.

···

차량운반구를 2,100만 원에 올 5월 초에 취득했다. 감가상각을 해 보자.

먼저 상각기간을 정한다. 만일 조기에 상각을 하고 싶다면(초기에 비용 처리를 많이 하고 싶다면) 기준내용연수 5년 중 4년으로 단축해서 신고하면 된다. 우리의 예에서는 4년으로 하자.

다음으로 상각방법을 정한다. 상각방법은 정액법과 정률법 중 정하면 될 것이다. 만일 조기에 상각한다면 정률법을 선택하면 된다. 우리의 사례는 두 가지 방법을 비교해 보자.

- **정액법의 경우**

  매년 상각액: 21,000,000/4년 = 5,250,000

  당해 연도 상각액: 5,250,000×(8/12) = 3,500,000

  (차변) 감가상각비 3,500,000　　　　(대변) 감가상각누계액 3,500,000

- **정률법의 경우**

  당해 연도 총상각액: 21,000,000×0.528 = 11,088,000

  당해 연도 상각액: 11,088,000×(8/12) = 7,392,000

  (차변) 감가상각비 7,392,000　　　　(대변) 감가상각누계액 7,392,000

참고로 다음해 정률법에 의한 상각액은 다음과 같이 계산한다.

　미상각 잔액: 21,000,000(취득금액)−7,392,000(기 상각액) = 13,608,000

　다음 해 상각액: 13,608,000×0.528×(12/12) = 7,185,024

감가상각비는 비용으로 처리되므로 궁극적으로 법인세를 낮추어 준다. 따라서 설비 투자가 많은 기업의 경우에는 현금으로 지출된 비용이 없더라도 비용 처리를 할 수가 있고 그로 인해 현금이 유입되는 효과를 누릴 수 있다. 그래서 많은 기업에서 이러한 법인세 절감효과를 빨리 얻기 위해 기준내용연수를 단축하거나 정률법으로 감가상각을 하는 경우가 많다.

Tip   일반기업 · 중소기업 회계기준에 의한 손익계산서 계정체계

	계정과목	내용
매출	매출	재화의 판매나 용역의 제공으로 받은 대가
판매관리비 또는 제조경비	매출원가	매출액에 대응되는 상품 등의 매입원가 또는 제조원가
	급료	일반관리직에 종사하는 종업원의 급여
	노무비	생산직에 종사하는 종업원의 급여
	잡급	아르바이트, 일용직 급여
	복리후생비	일·숙직비 지급, 직원 식대 및 차대, 직원 야유회 비용, 회식비, 임직원 경조비, 임직원 피복비 등
	여비교통비	시내교통비, 출장여비, 해외출장비, 시외교통비
	통신비	전화료 및 전신료, 우편료, 정보통신료
	수도광열비	상하수도 요금, 도시가스 대금, 가스대금, 난방용 유류대
	접대비	거래처 선물대금, 거래처 경조사비, 해외접대비, 거래처
	전력비	전기요금, 동력비(사무실 전기요금은 수도광열비로 처리)
	세금과 공과	자동차세, 공장사업소세, 인지대금, 적십자회비, 협회 및 조합비, 균등할 주민세, 교통범칙금
	지급임차료	공장 임차료, 기계 리스료, 복사기 임차료
	수선비	건물 수선비, 기계 수선비, 공기구 수선비, 유지보수료
	보험료	산재보험료, 자동차보험료, 보증보험료, 책임보험료
	차량유지비	유류대, 차량 수리비, 주차료, 도로교통안전협회비, 검사비, 통행료
	경상연구개발비	외주연구개발비, 시험재료비, 연구원 식대, 연구원 급여 등

	교육훈련비	강사 청료, 연수원 임차료, 학원 연수비
	도서인쇄비	신문구독료, 도서대금, 인쇄비, 복사대금
	사무용품비	장부서식대금, 문구대금 등
	지급수수료	세무 수수료, 특허권 사용료, 기술 로열티
	보관료	창고료, 보관 수수료
	시험비	외주시험비, 시험용 재료비
	광고선전비	TV신문광고료, 광고물 제작비, 캘린더 인쇄비, 광고물 배포비
영업외수익	수입 임대료	건물 임대료, 기계 임대료
	수입 수수료	위탁판매 수수료, 임가공 로컬 매출
	이자수익	적금, 예금 등의 이자(원천징수된 예치적립금 이자를 포함)
영업외비용	기부금	불우이웃돕기성금, 수재의연금
	이자비용	어음할인, 채권할인, 대출금 이자
	잡비	오물수거료, 방범비, 기타 발생이 빈번하지 않은 비용
	잡손실	교통사고배상금, 계약위반배상금, 가산세
	유형자산처분이익	건물처분이익, 토지처분이익
	투자자산처분이익	투자유가증권처분이익, 출자금 처분이익
법인세 비용	법인세 비용	당해 사업연도에 부담할 법인세 및 법인세에 부과되는 세액의 합계액에 당기 이연법인세변동액을 가감하여 산출한 금액
	법인세 등	법인소득과 관련하여 세법상 납부할 법인세, 지방소득세 등의 합계액(중소기업의 경우 이연법인세를 산출하지 아니하고 '법인세등' 과목으로 계상가능-중소기업특례)

※ 국제회계기준에 의한 포괄손익계산서의 형태는 74쪽을 참조하자.

5장

회계감사와
세무조사를
대비하는 결산

실전 결산절차와
오류 수정방법

왕경리는 든든 세무법인으로부터 재무제표를 전달받았다. 그는 재무제표를 만드는 데 자신도 열심히 참여했다는 생각이 드니 뿌듯해졌다. 그는 용 사장에게 회계에 대한 내용을 보고하기 시작했다.

"그동안 일은 잘 처리한 것 같은데 이것들이 어떻게 작성됐는지 설명을 할 수 있겠나?"

"사장님, 그것들은 든든 세무법인에서 작성했습니다."

"그러면 왕경리 씨는 몰라도 된다는 말인가요?"

"아닙니다."

이 일을 계기로 왕경리는 나 대리한테 자신의 업무와 재무제표의 연관성 그리고 재무제표 작성절차에 대해 배우게 됐다.

"왕경리 씨는 주로 입출금에 대한 통제 그리고 이들을 전표에 기록하는 업무를 담당했지요? 이 서류들은 저희 법인에 보내왔고요. 저희 법인에서는 그 자료들을 전산에 입력하고 이 입력된 자료들을 기초로 세무신고를 해 왔습니다. 그리고 이 자료들을 가지고 재무제표를 만들게 됩니다. 물론 입력은 전산매체에 기록돼 있으므로 언제든지 문서 형태로 출력할 수 있게 됩니다. 이것이 바로 장부이지요."

그렇다면 나회계 대리는 구체적으로 어떤 작업을 하는지 든든 세무법인의 사무실로 가 보자. 초보자들은 흐름만 보자.

첫째, 전표입력을 한다.

왕경리 씨가 작성한 전표는 일반전표와 매입매출전표 전산화면에 입력된다(제7장 참조). 이렇게 입력된 데이터들은 각 계정별 원장에 일자별로 일렬로 집계된다.

둘째, 사업연도 중에는 급여 신고와 부가가치세 신고를 한다.

사업연도 중에는 세무신고를 하게 된다. 통상 급여에 대한 원천세는 매월 10일까지 전월의 것을 신고해야 하고 부가가치세는 3개월 단위로 해 다음 달 25일까지 신고해야 한다.

신고는 앞의 전산 입력된 데이터들을 신고 양식에 맞게 불러와 신고서와 납부서를 출력하게 된다.

셋째, 결산을 한다.

여기서 결산이란 한 회계연도를 마감하는 시점에서 재무상태와 경영성과를 측정하기 위해 장부를 마감하고 결산서를 작성하는 과정을 말한다. 따라서 보통 결산은 12월 말일이 결산일이라면 다음 해 초가지 그 작업이 진행되는 것이 일반적이다. 결산 시에는 기중에 발생된 회계상의 거래가 빠짐없이 바르게 처리됐는가를 확인해야 하고, 다음과 같은 추가적인 작업이 필요하다.

- **결산 전 시산표 작성**: 시산표*란 거래 내용이 전표로부터 원장에 바르게 기록됐는지를 확인하기 위한 표이다. 이 표는 계정과목별로 총계정원장의 차변 합계액과 대변 합계액을 한꺼번에 모은 것이다 (구체적인 서식은 뒤에서 살펴본다). 시산표의 차변은 자산과 비용계정이, 대변은 부채와 자본과 수익항목이 기록된다. 따라서 차변과 대변이 일치되면 기중 작업은 오류가 없었다고 판단을 내릴 수 있다. 전산회계에서는 시산표는 간단히 작성된다.
- **수정분개 및 결산분개의 장부 기록**: 수정분개는 말 그대로 평상시에 한 분개가 결산 시점에서 잘못된 것이 발견된 경우 이를 정정시키는 분개를 말한다. 한편 결산분개(決算分介)란 수정할 사항이 아닌 결산 시점에 반드시 추가해야 하는 분개를 말한다. 대표적으로 제조원가, 매출원가, 당기비용 중 선급액 또는 미지급액, 대손충당금, 감가상각비, 퇴직급여충당금, 가지급금계정의 대체, 현금과부족계정의 정리, 외화자산계정의 평가 등이 있다.
- **수정 후 시산표 작성**: 수정분개 또는 결산분개가 제대로 반영됐는지를 점검하기 위해 수정 후 시산표를 만든다.
- **재무제표 작성**: 재무상태표와 손익계산서 등 재무제표를 작성한다.
- **장부 마감**

---

* 試算表, trial balance, T/B

이하에서는 회계처리 방법을 바꾸는 회계변경과 전기에 나타난 오류를 정정하는 방법에 대해 알아보겠다.

① 회계변경

회계변경*은 지금까지 적용해 오던 회계정책이나 회계추정을 변경하는 것을 말한다. 여기서 회계정책의 변경은 재무제표 작성과 보고에 적용하던 회계정책을 다른 회계정책으로 바꾸는 것을 의미한다. 예를 들어 감가상각방법을 정액법에서 정률법으로 바꾸는 경우, 재고자산의 평가방법을 선입선출법에서 후입선출법으로 바꾸는 것이 이에 해당한다. 한편 회계추정의 변경은 지금까지 사용해 오던 회계적 추정치의 근거와 방법 등을 바꾸는 것을 말한다. 예를 들어 대손의 추정, 감가상각 자산의 내용연수 추정 등이 이에 해당한다.

이러한 회계변경은 정보의 비교 가능성을 손상시킬 수 있으므로 회계변경을 하는 기업은 반드시 회계변경의 정당성을 입증해야 한다. 기업환경의 중대한 변화, 업계의 합리적인 관행수용, 기업의 최초 공개 등의 사유로 재무정보의 유용성을 높이기 위해 회계변경을 하거나 회계기준제정기구에 의한 기업회계기준의 제·개정에 따라 회계변경을 하는 경우에는 이를 정당한 것으로 본다.

회계변경이 일어나는 경우 다음과 같이 회계처리를 한다.

구분	내용
회계정책의 변경	소급해 처리함(변경된 새로운 회계정책은 소급 적용해 그 누적효과를 전기이월이익잉여금에 반영. 단, 회계변경에 의한 누적효과를 산정하기 힘든 경우 전진법으로 처리)
회계추정의 변경	전진법으로 처리함(회계변경에 의한 효과를 당기와 당기 이후의 기간에 반영)

---

* 會計變更, accounting change
  상장기업이든 아니든 감가상각방법의 변경은 회계정책이 아닌 회계추정의 변경으로 본다. 따라서 소급법이 아닌 전진법으로 회계처리를 해야 한다.

② 오류 수정

회계처리 오류가 당해 연도분에서 발생해 당해 연도 중에 발견되면 즉시 이를 바로 잡으면 된다. 그런데 문제는 전년도 이전의 것이 당해연도에 발견된 경우이다. 이런 상황이라면 소급해 전기 재무제표를 뜯어 고쳐야 할까? 만일 그렇다면 재무제표의 신뢰성이 무너지게 될 것이다. 그래서 일반기업회계기준(제5장)에서는 원칙적으로 전 기오류수정손익을 당기의 영업외수익·비용에 반영하도록 하고 있다. 다만, 재무제표 신뢰성을 심각하게 손상하는 중대한 오류에 대해서는 전기이월이익잉여금을 수정하 고 과거 재무제표를 재작성해야 한다.

참고로 K-IFRS 기업회계기준서 제1008호에서는 중대가 오류가 아닌 '중요한 오류 (material error)'에 대하여 소급법을 적용하도록 하고 있다. 여기서 중요한 오류는 주로 재무제표 이용자의 의사결정에 영향을 미칠 수 있는 정도가 된다. 그리고 이러한 판 단은 기업 스스로 내리면 된다. 그 결과 종전처럼 중대한 오류가 아니더라도 중요한 오류에 해당하는 경우가 많아 재무제표를 소급하여 재작성되는 일이 많아질 것으로 보인다.

감사와 세무조사를
대비하는 결산

    결산은 한 해의 수확을 거둬들이는 것과 같다. 따라서 결산을 잘해야 한 해 동안의 농사가 좋았는지 나빴는지를 가늠할 수 있다. 만일 담당자 실수로 결산을 망쳤다면 그 파급효과는 생각보다 클 수 있다. 따라서 결산 때는 회계기준을 위배한 사항이 없는지 세법상 문제가 없는지 다시 한번 점검해 보는 것이 좋다.

    먼저 회계 측면을 보자.

    회계조작은 규모가 작은 법인기업일수록 감사나 세무조사를 피해 갈 수 있기 때문에 그 확률이 커지게 된다. 하지만 기업 규모가 커서 자체 경리와 회계조직을 갖고 있더라도 조직적으로 이를 조작할 가능성은 얼마든지 있다.

    다음은 금감원의 자료로 본 유형별 기업회계기준을 위배한 사항이다.

구분	20X2		20X3		20X4	
	회사 수	비율	회사 수	비율	회사 수	비율
– 감가상각비 과소, 과대계상	124	31.1	122	31.5	105	34.5
– 퇴직급여 과소, 과대계상	63	15.8	65	16.8	49	16.1
– 대손상각비 과소, 과대계상	60	15.0	72	18.6	40	13.2
– 재고자산평가손실 과소, 과대계상	20	5.0	26	6.7	13	4.3
– 유가증권(투자유가증권)평가 처분 등 관련 손익 과소, 과대계상(지분법 미적용 포함)	45	11.3	39	10.1	25	8.2
– 세법상 준비금의 계상	17	4.2	14	3.6	11	3.6
– 매출·매출원가 과소, 과대계상	17	4.2	28	7.2	21	6.9
–계속기업으로서의 존속 능력 불확실성	54	13.5	49	12.7	48	15.8
– 기타의 위배 사항	130	32.7	113	29.2	108	35.5
– 중복 지적 건수	(131)	(32.8)	(141)	(36.4)	(116)	(38.1)
합계	399	100.0	387	100.0	304	100.0

위 자료에 따르면 유형자산 감가상각비의 과소 또는 과대계상, 퇴직급여의 과소 또는 과대계상 등의 순으로 기업회계기준을 위배하고 있는 것으로 조사됐다.

다음으로 세무조사에서 걸려들기 쉬운 유형을 보자.

세금은 기업회계기준에 의해 나온 당기순이익을 근간으로 과세가 된다. 따라서 기업회계기준의 위배는 곧 세금에 영향을 주게 된다. 그래서 과세당국은 세법기준에 결산서가 위배됐는지 수시로 조사한다. 그 대표적인 조사 유형은 다음과 같다.

구분		조사유형
법인세 (소득세)	외형누락 조사	– 무자료 매입에 의한 매출누락 – 매출단가 조작에 의한 매출누락 – 생산량 조작에 의한 매출누락 – 부동산임대업의 경우 임대평수 및 임대료 조작에 대한 수입누락 등 – 신용카드 변칙거래 – 기타 수입누락
	원가 및 경비조사	– 원재료비 등 가공 계상 – 대표이사 등의 개인경비를 회사경비로 처리 – 접대비를 복리후생비로 계상한 혐의가 있는 법인 – 인건비 등 가공 계상 – 건설업의 경우(하도급 계약 허위 및 과대, 노무비 등 가공계상, 잉여자재를 공사원가로 처리)
	자산누락 등 조사	– 재고자산 등 누락 등으로 손익조절혐의 법인 – 건물 자가 신축 시 가공 노무비 등 계상 – 자산 가공 취득 후 현금 등 유출하여 유용 – 기업자금을 유출한 혐의가 있는 법인
	부채와 자본 조사	– 차입금 및 가수금 가공 계상 – 주금납입 위장 변태출자 – 현물출자 부동산의 과대평가 – 주식의 변칙거래 – 초과배당

법인세(또는 소득세) 세무조사는 회계처리 전반과 각종 증거서류 등에 대해 이루어진다. 따라서 담당자가 무심코 흘려보낸 것들이 나중에 문제 소지가 될 가능성이 얼마든지 있다. 따라서 경영자나 실무자들은 위와 같은 세무조사 유형에 해당하는 것이 있는지 자주 점검하는 것이 좋다.

'비자금' 문제가 사회적으로 큰 이슈가 된 적이 종종 있다. 여기서 비자금이란 비정상적인 회계처리를 통해 만들어진 음성적인 돈을 말한다. 그렇다면 회사는 어떻게 해서 비자금을 만들었을까? 예를 들어 도급비를 부풀린 금액이 10억 원이라고 하자. 그렇게 되면 다음과 같은 회계처리를 통해 10억 원을 조성할 수 있게 된다.

(차변) 도급비 10억 원   (대변) 현금 10억 원

이렇게 빼낸 돈을 감춰 두고 사용하는 것이 바로 비자금이라 할 수 있다. 비자금은 해외 거래처를 통해 자재 등의 구입원가를 높이는 방법으로도 만들어진다. 이러한 비자금이 사회적으로 문제가 되면 세무조사가 진행되는 경우가 많다. 따라서 기업을 안정적으로 유지하기 위해서는 이러한 일이 발생하지 않도록 해야 한다.
참고로 세무조사의 원인 및 대책에 대해서는 저자의 『세무조사실무 가이드북』을 참조하기 바란다.

분식회계는
왜 일어날까

"그런데 왜 기업들은 분식회계를 할까요?"

왕초보는 국내 한 대기업이 분식회계를 했다는 신문기사를 보고는 의아해하며 물었다.

"그 이유는 뻔하지. 남들에게 잘 보이고 싶다는 것 아니겠어? 왕초보, 잘 들어 봐라. 내가 어느 기업의 대표야. 그런데 그 대표를 평가할 때 인간성이나 잘살고 못사는 것으로 평가하는 것을 빼면 어떤 것으로 평가를 하겠어? 당연히 기업의 실적을 보게 되겠지. '매출액이 ○○조, 영업이익이 ○○천억 원' 이러면 사람들이 '와' 하고 감탄할걸."

"아, 그러면 분식회계는 화장하는 것과 비슷하네요? 자기 본 얼굴을 숨기고 그 위에다 화장품을 바르면 좀 달라 보이잖아요?"

"……."

분식이란 단어는 실제 모습보다 좋게 보이기 위해 얼굴에 분칠을 한다는 것을 뜻한다. 따라서 분식회계는 경영자가 재무제표 내용을 실제보다 좋게 보이기 위해서 회계장부 등을 고치는 것을 말한다. 여기서 실제보다 좋게 보이려고 하는 주요 내용은 자산과 이익이다.

자산은 미래에 현금흐름을 창출할 수 있는 능력이 있는 항목이고 이익은 경영성과를 나타내는 지표이다. 따라서 이러한 항목이 좋게 나타나면 그만큼 기업의 가치가 올라가는 동시에 경영자는 자신의 지위와 몸값을 올릴 수가 있다. 이 외 대출을 받을 때도 이러한 일이 발생한다. 그렇다면 현실적으로 어떤 식으로 분식회계를 하고 있을까?

첫째, 재고자산과 관련된 것들을 알아보자.

제조업 등의 손익계산에 필요한 매출원가는 기초재고와 당기매입액의 합계액에서 기말재고액을 차감해 계산된다. 그런데 매출원가를 적게 하려면 어떻게 해야 할까? 가장 손쉬운 방법은 기말재고액을 늘리는 것이다. 실제 재고는 없지만 서류상으로는 있는 것으로 표시한다. 이렇게 되면 매출원가가 축소되므로 이익이 많아 보인다.

한편 재고자산을 마치 팔려 나간 것처럼 처리한다고 하자. 그러면 어떤 결과가 나올까?

(차변) 매출채권 ×××   (대변) 매출 ×××
                          부가세 예수금 ×××

이렇게 하면 자산과 동시에 수익이 증가해 이익이 증가하는 결과를 보인다. 이는 자산과 이익을 동시에 좋게 보이게 하므로 분식회계의 가장 전형적인 방법에 속한다. 그래서 어떤 기업들은 계열회사나 이해관계가 일치된 기업 간에 내부거래를 한다. 자산과 이익을 뻥튀기하기 위해서다.

둘째, 매출채권이나 유형자산과 관련된 것을 보자.

매출채권은 외상대금으로 오래될수록 불량채권으로 변할 가능성이 높다. 따라서 기업회계기준에서는 부실채권에 대해서 충당금을 쌓도록 하고 있다. 그렇게 되면 자산가치가 하락하고 이익이 축소되는 현상이 발생한다. 하지만 분식회계를 하는 입장에서는 자산과 이익을 양호하게 보이기 위해 충당금을 덜 쌓는 방법을 선호하게 된다.

이 같은 현상은 유형자산 등에서도 발생한다. 예를 들면 감가상각비를 적게 계상하거나 수익적 지출에 해당하는 것을 자본적 지출로 처리하는 경우도 있다. 또는 비용 성격인 연구비 지출을 무형자산인 개발비로 처리하는 등 자산과 이익을 좋게 보이려는 시도들이 있다. 또 불량자산이나 현존하지 않는 자산을 장부에 그대로 두는 경우도 있다.

셋째, 부채 측면에서 보자.

부채 측면에서는 부채의 고의 누락이 있다. 예를 들어 차입금을 누락하면 빚이 없는 것으로 보여 재무구조가 견실한 것처럼 보일 수 있다. 그렇게 되면 추가차입에서 유리할 수 있다.

현실적으로 분식회계는 여러 가지 측면에서 문제가 있다. 해당 기업을 둘러싼 이해관계자가 많은데 이들에게 잘못된 정보를 제공하기 때문이다. 이 정보를 신뢰하고 의사결정을 내린 이해관계자들에게 피해가 갈 것은 두말할 필요가 없다. 물론 이런 분식회계를 제어하는 제도적인 장치(회계감사, 세무조사 등)가 있기는 하다. 하지만 이를 100% 검증한다는 보장이 없다. 따라서 이해관계자들은 자신의 목적에 맞는 다양한 기법들을 개발해 회계분식 등에 대처할 필요가 있다.

꼼짝 마!
부당한 회계처리

"아, 이제 회계와 세무관계가 이해되려고 합니다."

왕초보가 이절세 팀장에게 내심 뿌듯한 표정을 지으며 말을 건넸다.

"드디어 왕초보가 초보딱지를 떼는군. 그래 회계와 세무관계가 어떤데?"

"기업에서 회계처리를 합니다. 그런데 그 회계처리가 세법 기준에 맞지 않습니다. 그러면 세법은 이를 가만두지 않으므로 세법에 맞게 고쳐야 합니다. 이 조정 작업은 법인세(또는 소득세) 신고 시 '세무조정'이라는 작업을 거쳐 시행됩니다. 어떻습니까?"

"와, 대단해 왕 고수님!"

기업의 회계처리에 대해 가장 강력한 규제가 바로 세법이다. 기업회계기준을 근간으로 회계처리를 하더라도 이의 내용들이 세법기준에 위배되는 경우에는 가산세 등의 불이익을 주고 있기 때문이다.

그래서 대부분의 기업은 세법 내용을 회계처리에 반영해 세법상 문제점을 많이 비켜 나가고 있다. 그런데 일부 기업은 세금을 덜 내고자 매출을 누락하거나 경비를 과다계상하곤 한다. 이렇게 하면 지금 당장은 괜찮겠지만 시간이 흐른 뒤에는 과세당국의 여러 가지 분석에 의해 탈루 사실이 밝혀질 수 있다.

따라서 기업 경영자나 실무자들은 평소에 세법에서 정한 기준을 이해할 필요가 있다. 현행 세법은 주로 손익계산서 항목과 재무상태표 항목에 대해 다양하게 그 처리 기준을 마련하고 있다. 다음은 손익계산서 항목에 대한 세법규제 내용이다.

이 표를 보면 손익계산서의 각 항목이 세법의 영향을 받는 것을 알 수 있다. 대표적으로 매출누락의 경우 다음과 같은 불이익이 있다.

- 매출누락액 익금산입 → 법인세 과세(본세 및 가산세 추징)
- 매출누락액의 귀속자가 밝혀지지 않는 경우 → 대표이사 상여로 간주돼 소득세를 부과함(단순 실수에 의한 경우에는 상여 처분은 되지 않음).
- 부가가치세 추징 → 본세 및 가산세 추징

결국 법인이 매출누락을 하면 매출누락액 이상으로 세금이 추징될 수 있다.

과목	금액	세법규제
Ⅰ. 매출액	500,000,000	매출누락, 귀속시기
Ⅱ. 매출원가	300,000,000	
1. 기초상품재고액	0	
2. 당기매입	500,000,000	가공자료 매입여부
3. 기말상품재고액	200,000,000	재고자산평가 등
Ⅲ. 매출총이익	200,000,000	
Ⅳ. 판매관리비	90,000,000	
1. 급여	40,000,000	임원상여 한도
2. 퇴직급여	10,000,000	퇴직급여충당금 한도
3. 감가상각비	5,000,000	감가상각비 한도
4. 접대비	30,000,000	접대비 한도
5. 대손상각비	3,000,000	대손충당금 한도
6. 기타	2,000,000	부당경비계상 여부
Ⅴ. 영업이익	110,000,000	
Ⅵ. 영업외수익	10,000,000	
1. 이자수익	10,000,000	
Ⅶ. 영업외비용	10,000,000	
1. 이자비용	7,000,000	지급이자 한도
2. 매출할인	3,000,000	매출할인의 접대비 여부 등
Ⅷ.법인세비용차감전계속사업이익	110,000,000	
Ⅸ. 계속사업법인세비용	10,000,000	
Ⅹ. 계속사업손익	100,000,000	법인세 비용은 손금불산입으로 세무조정
Ⅺ. 중단사업손익		
Ⅻ. 당기순이익	100,000,000	

※ 중소기업특례

   중소기업은 중단사업손익을 별도로 표시하지 않아도 된다. 또한 법인세비용은 법인세법에 따라 산출된 금액을 '법인세 등'의 과목으로 하여 표시할 수 있다.

재무상태표 측면에서도 광범위한 세법규제가 있다. 기업이 부당하게 자산을 취득하거나 부채를 부담하는 경우에는 기업의 자산이 외부로 유출되는 결과를 나타낸다. 또 자산과 부채는 앞의 당기순이익의 크기와 관계가 있기 때문에 이를 정확히 나타내지 못하면 세금 또한 왜곡되게 된다. 따라서 세법에서는 이러한 행위들에 대해서도 세법적인 규제를 한다.

또 회사 자금을 사적으로 유용한 경우에도 엄격한 제재를 받는다. 대표이사 등이 회사의 자금을 유용한 경우 법인세와 사용한 기간에 따른 이자상당액(이를 '인정이자'라한다)에 대해 소득세를 부담해야 한다.

이 외에도 자산이나 부채의 취득가액이 잘못됐다든지 가공자산이 있다든지 부채를 계상하지 않았다든지 등의 행위가 있다면 세법에 맞게 자산과 부채 그리고 자본을 고치게 된다.

수익이 있는 곳에는 반드시 세금이 있다.

사례로 쉽게 이해하는 결산절차

다음 사례로 재무제표를 작성해 보자. 단, 작성은 전산회계(그 원리는 제7장 참조)를 기초로 한다.

〈자료〉

○○월 ○○일: 자본금 5,000만 원 통장에 납입

○○월 ○○일: 비품 500만 원(부가가치세 별도) 통장에서 지급

○○월 ○○일: 상품 200만 원(@10,000원, 200개, 부가가치세 별도) 외상
으로 구입

○○월 ○○일: 통장에서 현금시재 100만 원을 인출함.

○○월 ○○일: 식대비 20만 원 현금지급

○○월 ○○일: 상품 300만 원(@20,000원, 150개, 부가가치세 별도)을 현
금으로 매출함.

<회계처리와 분개장>

위의 거래들이 일단 건별로 회계처리가 되면 다음과 같이 일자별로 분개장이 작성된다. 다만, 실무에서는 분개장을 별도로 작성하지 않는다. 전표를 사용하므로 그 유용가치는 별로 없기 때문이다.

(단위: 원)

날짜	전표 종류	내역	차변		대변	
			계정과목	금액	계정과목	금액
	대체	자본금 납입	보통예금	50,000,000	자본금	50,000,000
	대체	비품 구입	비품	5,000,000	보통예금	5,500,000
			부가세 대급금	500,000		
	대체	상품 구입	상품	2,000,000	외상매입금	2,200,000
			부가세 대급금	200,000		
	입금	시재 인출	현금	1,000,000	보통예금	1,000,000
	출금	식대 지급	복리후생비	200,000	현금	200,000
	입금	상품매출	현금	3,300,000	매출	3,000,000
					부가세 예수금	300,000
			차변계	62,200,000	대변계	62,200,000

<결산 전 시산표 작성>

시산표는 거래 내용이 전표로부터 원장에 제대로 기록됐는지를 검증하는 표를 말한다. 위의 분개 내용은 아래 시산표의 각 계정별로 자동 집계되며 차변과 대변이 일치하게 된다. 참고로 차변에는 자산과 비용계정이 대변에는 부채와 자본 그리고 수익계정이 온다.

합계잔액시산표

(단위: 원)

차변		계정과목	대변	
잔액	합계		잔액	합계
50,300,000	57,000,000	유동자산	6,700,000	
48,300,000	55,000,000	〈당좌자산〉	6,700,000	
4,100,000	4,300,000	현금	200,000	
43,500,000	50,000,000	보통예금	6,500,000	
700,000	700,000	부가세 대급금		
2,000,000	2,000,000	〈재고자산〉		
2,000,000	2,000,000	상품		
5,000,000	5,000,000	비유동자산		
5,000,000	5,000,000	〈유형자산〉		
5,000,000	5,000,000	비품		
		〈유동부채〉	2,500,000	2,500,000
		외상매입금	2,200,000	2,200,000
		부가세 예수금	300,000	300,000
		〈자본금〉	50,000,000	50,000,000
		자본금	50,000,000	50,000,000
		〈매출〉	3,000,000	3,000,000
		상품매출	3,000,000	3,000,000
200,000	200,000	〈판매관리비〉		
200,000	200,000	복리후생비		
55,500,000	62,200,000	합계	62,200,000	55,500,000

위 시산표를 보면 차변의 계와 대변의 계가 일치하고 있다. 만일 이 둘이 일치하지 않는 경우에는 앞의 원장 등에서 오류가 있는 것을 의미한다. 이를 발견해 수정을 시켜야 한다. 참고로 전산회계에서는 위의 시산표상 차변과 대변의 합계가 일치하지 않으면 바로 '차액 불일치' 메시지가 뜨게 된다.

〈수정분개와 결산분개〉

위와 같이 결산 전 시산표가 작성됐다면 이제 본격적으로 결산절차에 들어갈 수 있다. 그런데 사업연도 중에는 주로 현금입출금 거래와 외상거래 등에 대한 대체거래 정도만 전표처리가 됐다. 따라서 결산 때는 기중에 처리가 힘든 매출원가 분개, 감가상각비의 계상, 대손충당금이나 퇴직급여충당금 등의 결산분개를 추가해야 한다.

다만 우리 사례에서는 매출원가, 감가상각비, 법인세 등에 대한 결산분개만을 수행해 보자(전산에서는 결산분개 사항을 입력하고 전표 추가 메뉴를 누르면 자동적으로 분개가 이루어진다).

① 상품매출원가

앞의 사례에서 상품은 기초재고가 없는 상태에서 당기구입은 200개(총 구입가 200만 원)였다. 이 중 150개가 팔려 나갔으므로 이에 해당되는 원가가 바로 상품매출원가가 된다.

(차변) 상품매출원가 1,500,000*   (대변) 상품 1,500,000

*150개×@10,000원=1,500,000원

② 감가상각비

감가상각비 계상은 세법이 규정한 범위 내에서 기업 임의로 상각기간과 상각방법을 정할 수 있다. 이 사례에서는 비품을 5년 동안 균등 상각해 보자.

(차변) 감가상각비 1,000,000 *   (대변) 감가상각누계액 1,000,000

* 5,000,000/5년=1,000,000원

③ 법인세등

'법인세등'은 법인세차감전순이익에 대해 산출된 법인세와 그 주민세를 말한다. 통상 법인세는 과세표준이 2억 원 이하인 부분은 9%(지방소득세 별도), 그 초과분은 19~24%로 과세된다. 이 사례에서는 계산을 단순하게 하기 위해 변경 전의 법인세율 10%를 적용해 법인세차감전순이익(300,000원)에 대해 법인세와 주민세(법인세 등)를 계산했다. 여기서 주민세는 최근 지방소득세로 명칭이 바뀌었다.

(차변) 법인세등 33,000   (대변) 미지급세금 33,000

〈수정 후 시산표 작성〉

이상과 같이 결산분개를 해 전산에 입력하면 분개 내용은 각 계정별원장에 추가로 반영된다. 따라서 앞에서 본 시산표와 동일한 방법으로 수정 후 시산표를 자동으로 작성하게 된다.

〈재무제표 작성〉

이제 결산분개가 원활히 수행됐다면 손익대체분개를 행함으로써 재무제표를 작성할 수 있게 된다. 그렇다면 손익대체분개는 무엇을 의미할까? 앞의 손익계산서상의 당기순이익은 재무상태표의 자본 중 이익잉여금을 형성하고 있다. 그리고 이익잉여금은 주주총회 등의 의결을 거쳐 배당이나 사내에 유보될 수 있다. 따라서 이러한 과정들은 재무상태표상에 정확히 반영돼야 한다. 손익대체분개는 바로 이러한 과정을 수치로 보여 주는 것이다. 그렇다면 구체적으로 어떤 작업을 수행해야 우리가 원하는 재무상태표 등을 만들 수 있는지 알아보자.

첫째, 수익과 비용에 대한 대체분개를 보자. 일단 회계에서는 이러한 수익과 비용을 '손익'이라는 집합계정으로 대체하게 된다.

• 수익의 대체

(차변) 상품매출 3,000,000   (대변) 손익 3,000,000

원래 상품매출은 수익계정으로 대변에 위치하지만 결산 시에는 손익으로 대체돼 소멸하게 된다.

• 비용의 대체

(차변) 손익 2,733,000   (대변) 상품매출원가 1,500,000

복리후생비 200,000

감가상각비 1,000,000

법인세등 33,000

비용은 원래 차변과목이지만 결산 시에 집합계정인 손익계정으로 대체된다. 이로써 손익계정은 '차변 2,733,000원, 대변 3,000,000원'으로 표시되고 순손익 26만 7,000원이 재무상태표상의 이익잉여금으로 다음과 같이 대체된다.

● 처분전이익잉여금 대체분개

(차변) 손익 267,000   (대변) 처분전이익잉여금 267,000

처분전이익잉여금은 주주총회 전에 살아 있는 잉여금을 말한다. 앞에서도 보았듯이 이 이익잉여금은 배당 등의 형태로 사외로 유출될 수 있다. 그렇게 되면 이에 맞는 회계처리를 추가로 해야 한다. 예를 들어 이 잉여금 중 10만 원을 배당한다고 하자. 현금배당금의 10%를 적립해야 하는 이익준비금은 무시하자.

(차변) 처분전이익잉여금 100,000   (대변) 미지급배당금 100,000

이렇게 처분을 하고 남은 금액은 다음 기로 이월되게 된다.

(차변) 처분전이익잉여금 167,000   (대변) 이월이익잉여금 167,000

참고로 앞의 사례에서는 이익잉여금 처분 없이 차기로 이월된다고 하면 다음과 같이 처리가 된다.

(차변) 처분전이익잉여금 267,000   (대변) 이월이익잉여금 267,000

이상과 같은 작업이 완료됐다면 최후의 시산표를 작성해 작업과정을 검증할 수 있고 재무제표를 작성할 수 있게 된다. 또한 장부를 마감해 자산과 부채 그리고 자본계정을 다음 기로 이월시키게 된다.

법인세 계산과
이연법인세

앞의 사례에서 순이익에 대해 법인세를 계산했다. 하지만 법인의 법인세는 246쪽의 구조하에서 정확히 계산해야 한다.

법인세 계산은 우선 크게 4단계로 구분할 수 있다.

첫째, 1단계는 각 사업연도 소득을 계산하는 단계이다.

앞에서 보았듯이 결산서상 당기순이익을 구성하는 수익과 비용 항목들이 세법기준에 위배되는 경우에는 이를 세법에 맞게 고치는 작업이 바로 세무조정에 해당한다. 그래서 결산서상 당기순이익과 세법기준이 같게 된다면 세무조정이 필요 없다. 앞의 사례에서는 다음과 같이 세무조정을 통해 각 사업연도 소득금액을 구한다.

결산서상 당기순이익 267,000원

+ 손금불산입(법인세 비용) 33,000원

= 차가감소득금액 300,000원

+ 기부금 한도초과액 0원

= 각 사업연도 소득금액 300,000원

위에서 법인세 비용을 손금불산입(손금으로 인정하지 않음. 따라서 당기순이익이 늘어나는 효과가 있어 세금이 증가함)했다. 법인세 비용은 기업회계기준에 따라 정해진 것으로서 세법기준과는 다르다. 따라서 이 금액이 당기순이익에서 차감됐으므로 다시 원상태로 복귀(손금불산입)해 과세소득을 산정한다. 실무적으로 세무조정 사항은 손익계산서 및 재무상태표의 각 항목과 관련된 규정으로 그 내용은 상당히 방대하다.

둘째, 2단계와 3단계를 동시에 보자.

이렇게 과세소득이 결정됐다면 여기에서 이월결손금이나 비과세소득 등을 공제한다. 이렇게 나온 금액이 바로 과세할 수 있는 과세표준이 된다.

앞의 사례에서 과세표준은 30만 원이다. 따라서 과표가 2억 원 이하에 해당하므로 다음과 같이 세금이 계산된다.

• 법인세: 300,000원×10%(가정함)=30,000원

• 지방소득세(주민세): 법인세의 10%=3,000원   계: 33,000원

셋째, 4단계를 보자.

이렇게 산출세액이 계산됐다면 여기에서 세액감면이나 세액공제를 차감한다. 또 가산세 등이 있으면 더하고 중간에 원천징수당한 세액이 있으면 차감해 최종 납부할 세액을 계산한다. 이렇게 계산된 세금은 통상 12월 말 법인이라면 다음 해 3월 31일까지 본점 주소지 관할세무서에 신고 및 납부를 해야 한다.

법인세 계산 구조

구분	계산 구조	주요 내용
1단계 각 사업연도 소득 계산	결산서상 당기순이익 (+) 익금산입·손금불산입 (−) 손금산입·익금불산입 (=) 차가감 소득금액 (+) 기부금 한도 초과액 (=) 각 사업연도 소득금액	• 기업회계기준에 의해 작성 • 세무조정 사항 • 세무조정 사항
2단계 과세표준의 계산	(−) 이월 결손금 (−) 비과세 소득 (−) 소득공제 (=) 법인세 과세표준	• 당해 사업연도 개시일 전 15년 이내에 발생한 세무회계상 결손금을 말함
3단계 산출세액의 계산	(×) 세율 (=) 산출세액	• 9~24%(소규모 성실신고 법인은 19~24%)
4단계 차감납부세액의 계산	(+) 토지등 양도소득에 대한 법인세 (−) 세액감면 (−) 세액공제 (+) 가산세 등 (−) 기납부세액 (=) 차감 납부할 세액	• 주택·비사업용 토지: 20%(토지는 10%) • 외국납부세액공제, 각종 투자세액공제 등 • 신고납부불성실 가산세 등 • 중간예납·원천징수·수시부과세액 • 납부방법: 분납 등

※ 국제회계기준 도입에 따라 법인세도 많은 영향을 받게 되었다. 자세한 내용은 법인세법을 참조하자.

최근 법인세 회계 제도가 도입됐다. 이 회계의 목적은 법인세 비용에 대한 법인세법과 차이를 반영함으로써 기업회계상 자산 및 부채 그리고 당기순이익을 적정하게 표시하기 위해서다.

다만 비상장 중소기업은 이를 설정하지 않을 수 있도록 하는 특례를 두고 있다. 이경우 손익계산서에는 종전처럼 '법인세 등'의 계정과목을 사용하면 된다.

법인세는 결산서상 당기순이익을 기초로 과세되는 세금이다. 다만 결산서의 내용이 세법과 차이가 나는 경우 예기치 않은 세금 벼락을 맞을 수 있다. 따라서 실무적으로 기업회계와 세무회계의 차이를 명확히 이해하는 것이 중요하다. 아울러 평소 일을 추진하면 세무상 문제점이 없는지 그리고 세금에 대한 영향은 무엇인지 사전에 충분한 검토 과정이 있어야 한다.

일단 이런 과정을 거쳤다면 결산대책을 통해 낼 세금을 추정하고, 실제 법인세 세무조정 시에는 오류가 없는지 세심한 검토가 필요하다. 특히 세금감면이나 세액공제제도를 충분히 활용했는가를 검토한다. 법인세(소득세)에 대한 공부가 필요한 경우 저자의 『합법적으로 세금 안 내는 110가지 방법-기업편』, 『중소기업세무 가이드북』 등을 참조하기 바란다.

내 손으로
재무제표를 출력해 보자

실무적으로 앞의 절차에 따라 결산이 완료됐다면 재무상태표, 손익계산서, 이익잉여금처분계산서, 현금흐름표 등은 아주 손쉽게 출력할 수 있다. 다음은 앞의 사례에 대한 재무제표이다. 다만 실무적으로 손익계산서 양식은 전기와 당기를 비교하는 식으로 작성되고 기간이나 회사 표시 등이 있어야 하나 여기서는 편의상 양식을 단순화시켰다.

> **Tip** ─ 전산회계 시스템과 재무제표 출력
>
> 전산회계 시스템이 잘 갖추어진 회사라면 재무제표를 실시간으로 출력할 수 있다. 다만 평소 전산 입력 시에 오류가 발생하면 나중에 이를 발견하기가 힘들 수 있으며 그렇게 되면 재무제표에 심각한 영향을 줄 수도 있다. 따라서 실무자들은 재무제표가 나오는 과정을 제대로 이해한 상태에서 전산 입력을 정확히 해야 하며 전산오류의 가능성을 늘 염두에 두어야 할 것이다.

손익계산서

과목	제1(당)기	
		금액
Ⅰ. 매출액		3,000,000
상품매출	3,000,000	
Ⅱ. 상품매출원가		1,500,000
기초상품재고액	0	
당기상품매입액	2,000,000	
기말상품재고액	500,000	
Ⅲ. 매출총이익		1,500,000
Ⅳ. 판매관리비		1,200,000
복리후생비	200,000	
감가상각비	1,000,000	
Ⅴ. 영업이익		300,000
Ⅵ. 영업외수익		0
Ⅶ. 영업외비용		0
Ⅷ. 법인세비용차감전계속사업손익		300,000
Ⅸ. 계속사업손익 법인세비용		33,000
Ⅹ. 계속사업손익		267,000
Ⅺ. 중단사업손익		0
Ⅻ. 당기순이익		267,000

손익계산서는 수익과 비용을 모아 순이익이 얼마인지를 나타낸 표이다. 이 표에서 수익은 300만 원이나 매출원가, 판매관리비, 기타 법인세 비용으로 273만 원 정도가 발생해 당기순이익은 27만 원 정도가 됐다.

재무상태표

제1(당)기				
과목	금액		과목	금액
자산			부채	
Ⅰ. 유동자산		48,800,000	Ⅰ. 유동부채	2,533,000
(1) 당좌자산		48,300,000	외상매입금	2,200,000
현금		4,100,000	부가세예수금	300,000
보통예금		43,500,000	미지급세금	33,000
부가세 대급금		700,000	Ⅱ. 비유동부채	0
(2) 재고자산		500,000	부채 총계	2,533,000
상품		500,000		
Ⅱ. 비유동자산		4,000,000	자본	
(1) 투자자산		0	Ⅰ. 자본금	50,000,000
(2) 유형자산	5,000,000	4,000,000	자본금	50,000,000
비품	1,000,000	4,000,000	Ⅱ. 자본잉여금	0
감가상각누계액		0	Ⅲ. 이익잉여금	267,000
(3) 무형자산		52,800,000	처분전이익잉여금	267,000
자산 총계			(당기순이익)	
			당기: 267,000원	
			전기: 0	
			Ⅳ. 자본조정	0
			자본 총계	50,267,000
			부채와 자본 총계	52,800,000

※ 자본 항목의 표시

　　최근 바뀐 재무제표 표시방법을 보면 자본 항목은 자본금, 자본잉여금, 자본조정, 기타포괄손익누계액, 이익잉여금 순으로 되어 있다. 국제회계기준은 납입자본금, 기타자본구성요소, 이익잉여금으로 분류하고 있다.

　　재무상태표는 일정 시점의 자산과 부채 및 자본 상태를 나타낸다. 현재시점에서 총자산은 5,280만 원이 되며 처음 회사 설립 시 5,000만 원보다 280만 원의 자산이 증가했다. 이렇게 자산이 증가되는 이유는 외상매입금 등 부채의 증가와 당기순이익이 증가했기 때문이다.

이익잉여금처분계산서

과목	제1(당)기	
	금액	
I. 처분전이익잉여금		267,000
1. 전기이월이익잉여금		
2. 회계변경의 기준효과		
3. 전기오류수정이익·손실		
4. 당기순이익	267,000	
II. 임의적립금 등의 이입액		0
1. ×××적립금		
2. ×××적립금		
합계		267,000
III. 이익잉여금처분액		
1. 이익준비금		
2. 기업합리화적립금		
3. 배당금		
가. 현금배당		
나. 주식배당		
IV. 차기이월이익잉여금		267,000

※ 이익잉여금처분계산서는 재무제표에서 제외되나 관련법에서 요구하는 경우에는 주석으로 나타내면 될 것으로 보인다. 실무적으로 이를 없애는 것은 시기상조라고 보인다. 참고로 중소기업회계기준에서는 이익잉여금처분계산서와 자본변동표 중에서 하나를 재무제표로 선택할 수 있도록 하고 있다.

이익잉여금처분계산서는 이익잉여금의 처분내용을 나타낸다. 표를 보면 처분 전 이익잉여금이 26만 7,000원이다. 이 금액은 처분됨이 없이 그대로 다음 기로 넘어가고 있음을 보여 주고 있다. 만약 다음 기에 당기순이익이 50만 원 발생한다면 처분전이익잉여금은 76만 7,000원이 되며, 이 금액이 처분되거나 또는 그 다음 기로 이월될 것이다.

현금흐름표

과목	제1(당)기	
	금액	
Ⅰ. 영업활동으로 인한 현금흐름		2,600,000
1. 당기순이익	267,000	
2. 현금의 유출이 없는 비용 등의 가산	1,000,000	
감가상각비	1,000,000	
기타		
3. 현금의 유입이 없는 수익 등의 차감	0	
유가증권평가이익		
기타		
4. 영업활동으로 인한 자산·부채의 변동	1,333,000	
상품의 증가	−500,000	
제품의 감소(증가)		
매출채권의 감소(증가)		
가지급금의 감소(증가)		
부가세 대급금의 증가	−700,000	
매입채무의 증가	2,200,000	
부가세 예수금의 증가	300,000	
미지급세금의 증가	33,000	
기타		
Ⅱ. 투자활동으로 인한 현금흐름		−5,000,000
1. 투자활동으로 인한 현금유입액	0	
건물의 처분		
기타		
2. 투자활동으로 인한 현금유출액	5,000,000	
유가증권의 취득		
공기구·비품의 취득	5,000,000	
기타		
Ⅲ. 재무활동으로 인한 현금흐름		50,000,000
1. 재무활동으로 인한 현금유입액	50,000,000	
주식의 발행	50,000,000	
2. 재무활동으로 인한 현금유출액		
단기차입금의 상환		
기타		
Ⅳ. 현금의 증가(감소)(Ⅰ + Ⅱ + Ⅲ)		47,600,000
Ⅴ. 기초의 현금		0
Ⅵ. 기말의 현금		47,600,000

현금흐름표는 영업활동, 투자활동, 재무활동으로 구분해서 현금흐름을 나타내는 표이다.

이 사례에서는 간접으로 계산을 하기 때문에 당기순이익 26만 7,000원에 현금유출이 없는 감가상각비는 더했다. 발생주의로 계산된 당기순이익을 현금주의 이익으로 바꾸기 위해서이다. 또 그 아래 부가세 대급금(자산)을 마이너스(-)로 표시한 것은 물건을 사 오면서 부가가치세를 미리 준 것이므로 현금이 유출된 효과를 나타낸다. 마찬가지로 매입채무(부채)가 증가한 것은 물건을 사 오고도 돈이 밖으로 나가지 않으므로 현금이 유입된 효과를 나타낸다.

투자활동은 현금 대여, 회수활동, 유가증권·유형자산 등의 취득과 처분과 관련된 활동을 말한다. 비품의 취득으로 돈이 밖으로 나가므로 마이너스(-)의 효과가 발생한다. 재무활동은 현금의 차입 및 상환활동, 신주 발행이나 배당금의 지급활동 등에 관련된 활동을 말한다. 표에서는 주식을 발행해 현금이 들어왔음을 표시하고 있다.

자본변동표는 자본금·자본잉여금·자본조정·기타포괄손익누계액·이익잉여금 등의 자본구성에 대한 일목요연한 정보를 제공하여 투자자들이 유상증자나 잉여금 변동 사항 등을 손쉽게 파악할 수 있도록 한다. 자본변동표는 다음과 같은 구조로 되어 있다.

자본변동표

(단위: 원)

구분	자본금	자본잉여금	자본조정	기타포괄손익누계액	이익잉여금	총계
20XX. X. X.(보고금액)						
회계정책변경누적효과 전기오류수정이익 전기오류수정손실						
수정후이익잉여금 연차배당 현금배당 주식배당						
처분후이익잉여금 중간배당 유상증자 보통주 자본금						
당기순이익(손실) 매도가능증권평가이익 매도가능증권평가손실						
20XX. X. X.						
20XX. X. X.(보고금액)						
회계정책변경누적효과 전기오류수정이익 전기오류수정손실						
수정후이익잉여금 연차배당 현금배당 주식배당						
처분후이익잉여금 중간배당 유상증자						
당기순이익(손실) 매도가능증권평가이익 매도가능증권평가손실						
20XX. X. X.						

제 (당기) 20XX년 X월 X일부터 20XX년 X월 X일까지
제 (전기) 20XX년 X월 X일부터 20XX년 X월 X일까지

6장

재무제표
분석 및
활용법

기본을 알아야
재무제표를 읽을 수 있다

"팀장님, 저도 회계에 대한 공부를 계속해 왔기 때문에 이제 재무제표를 확실히 이해할 수 있을 것 같습니다."

왕초보는 자신감 있는 투로 이절세 팀장에게 얘기했다.

"아주 듣기 좋은 소리네. 그럼 하나 물어봐도 될까? 유동비율은 뭐를 의미하지?"

"……."

사실상 왕초보는 지금까지 회계원리와 계정과목 위주로 학습을 해왔기 때문에 재무제표를 분석하는 방법을 모르고 있었다.

"왕초보, 너무 실망하지 마라. 나보다 자네가 더 나으니."

"예? 팀장님, 무슨 말씀이신지요."

"사실 나는 회사에 입사하자마자 회사들의 재무제표만을 보고 업무를 보았어. 그래서 그게 어떻게 작성되는지는 잘 몰랐지. 그러다 보니 여기저기서 문제가 터지더군. 어떤 회사는 분식회계로 이익을 뻥 튀기하지 않나, 어떤 회사는 비자금을 만든다고 가공비용을 넣지 않나……. 하여간 작성원리를 모르고 덤비다가 나중에 내 실력이 들통 날 때는 정말 쥐구멍이라도 들어가고 싶었지. 그런데 자네는 기초부터 차근차근 다지고 있으니 이 선배 전철을 밟지 않을 것 아닌가."

그 말을 전해 들은 왕초보는 모든 일에 기본이 중요하다는 말이 하나도 틀리지 않는다고 생각했다.

"팀장님의 가르침대로 지금 기초부터 열심히 닦고 있습니다. 앞으로도 많은 가르침을 주십시오."

현실적으로 재무상태표나 손익계산서 등의 재무제표는 그 용도가 매우 다양하다. 내부적으로 경영자는 재무제표 분석을 통해 회사 경영상의 문제점을 발견하고, 종업원은 회사업무에 활용하는 데 재무제표가 필요하다. 이 외에 외부적으로는 주주들의 경영성과 점검, 채권자들은 채권 원리금에 대한 의사결정, 과세당국은 세금을 얼마가 될 것인지에 대한 검토 기초자료로 사용된다.

하지만 이렇게 다양하게 사용되는 재무제표는 기업에서 제시된 대로 이용해서는 안 된다. 재무제표는 전산으로 쉽게 출력할 수 있지만 입력 자체는 사람이 하기 때문에 그로 인해 나온 결과들은 데이터 조작의 가능성이 항상 열려 있다. 그래서 그 기업과 관련된 이해관계자와 실무 담당자 그리고 재무제표 원리를 자산관리에 이용하려는 사람들 모두는 재무제표 작성법을 꿰고 있어야 한다.

현실적으로 재무제표 작성법을 꿰뚫고 있는 사람들은 재무제표 분석에서도 유용한 정보를 얻을 가능성이 높다. 또 분식, 가공비용, 매출누락 등 비정상적인 거래행위를 찾아낼 수 있는 능력도 얻을 수 있다. 하지만 작성원리를 모른 상태에서 재무제표를 읽다가는 봉변을 당하기 쉽다. 각 기업에서 제시된 숫자만 이해할 뿐 그 배경을 모르기 때문이다.

예를 들어 어떤 회사의 손익계산서상의 이익지표만을 보고 투자를 결심한 사람이 있다고 하자. 이 사람은 이익이 많이 났기 때문에 투자를 해도 좋겠다고 결심한다. 하지만 그 이익이 내부적으로 부풀려 있었다면 어찌 될 것인가? 결과는 보지 않아도 뻔하지 않겠는가.

Tip **재무제표로 경영의 흐름을 읽는다**

재무제표를 읽는다는 이면에는 그 기업의 경영의 흐름을 읽는다는 의미가 포함돼 있다. 예를 들어 전년도에 비해 올해 이익이 크게 증가되었다면 필시 그 이유가 있을 것이다. 그렇다면 구체적으로 그 원인은 어떻게 밝힐 것인가? 일단 과거의 재무제표와 당기의 재무제표를 비교해 보면 차이가 나는 항목이 있을 것이다. 매출이 증가할 수고 있고 부동산처분이익이 크게 발생할 수도 있다. 만일 매출증가로 이익이 늘어난 것이라면 매출증가 원인을 밝혀 다음 해 성장 동력으로 삼을 수도 있을 것이다. 결국 재무제표에 나타난 각 수치들은 경영의 결과로 나타난 것들이기 때문에 모두 나름대로의 의미를 갖고 있다. 따라서 경영자나 실무자들은 재무제표상의 수치에 대해 단순한 숫자로 보지 말고 그 이면의 것들을 볼 수 있도록 노력할 필요가 있다.

재무제표를 읽으면
경영의 흐름이 보인다

용 사장은 자기 회사의 재무상태표와 손익계산서 등 재무제표를 든든 세무법인으로부터 전달받았다.

그는 이 자료를 통해 경영분석을 실시해 어떤 문제점들이 있는지 파악하고 싶었다. 그래서 지금은 대리로 승진한 왕경리를 불러 경영 분석을 의뢰했다.

"저, 나 과장님, 경영분석은 어떤 식으로 접근을 하는 것이 좋을까 요?"

든든 세무법인의 나회계 씨도 대리에서 과장으로 승진했다.

"일단 재무제표 작성법을 다 배우고 익혔으니까, 재무상태표와 손 익계산서를 중심으로 분석하면 됩니다. 경영분석이야 일정한 틀이 없으니 회사 실정에 맞게 분석하면 될 것입니다. 재무제표 분석법은 책에서 얼마든지 구할 수 있으니 그것을 활용해도 되고요."

"아, 경영분석은 제게 너무나 어려운 작업인 것 같습니다. 좀 더 쉽게 설명해 줄 수는 없나요?"

왕대리는 용 사장의 '경영분석을 하라'는 지시가 머릿속에서 뱅뱅 돌고만 있었다.

경영분석(經營分析)은 경영에 관한 분석이므로 당해 기업활동과 관련된 모든 것이 분석대상이 된다. 그런데 기업활동 가운데는 숫자로 파악이 안 되는 것들도 있는데 이들까지도 분석대상에 포함하는 것이 원칙이다. 예를 들면 종업원의 사기나 기업명성 등이 있다. 하지만 현실적으로 숫자로 파악할 수 없는 분석대상은 지금까지 배워 온 재무제표로는 분석이 되지 않는다. 따라서 실무적으로는 그 분석대상의 범위를 축소시켜 재무제표 분석을 실시하는 것이 일반적이다.

한편 다음과 같이 사업계획과 실적을 비교해 그 차이 원인을 밝혀냄으로써 경영전략에 반영하는 것도 경영분석의 일환이라고 할 수 있다. 이러한 손익실적 차이 분석은 매월, 매분기, 매년 등 각 기업의 형편에 따라 실시할 수 있다.

(단위: 원)

구분	계 획		실적		차이		비고
	X월	누계	X월	누계	X월	누계	
매출액 (−)매출원가 (=)매출총이익 (−)판매관리비 (=)영업이익 (+)영업외수익 (−)영업외비용 (=)법인세차감전순이익							차이 원인 등 기재

경영계획은 기업이 활용 가능한 자원을 모아 경영목표를 달성할 수 있도록 하는 경영의 한 과정을 말한다. 경영계획은 단기 및 중장기계획으로 나뉘며 보통 단기는 1년, 중기는 3년에서 5년, 그 후는 장기로 구분한다.

이 경영계획에는 매출이나 시장점유율 등 경영목표를 달성하는 방법들이 들어 있어 각 조직이나 개인들에게 많은 영향을 미친다. 경영계획이 잘된 경우에는 조직 구성원들이 이를 믿고 따르게 되나 그렇지 못한 경우에는 에너지들이 분산되어 경영목표를 달성하는 데 애로가 발생한다. 그래서 경영계획은 항해에서 선장과 같은 역할을 한다고 할 수 있다.

한편 과거의 경영 활동을 숫자로 정리하는 회계는 경영계획과 거리가 멀어 보인다. 하지만 과거실적을 체계적으로 정리해서 사업연도 중에 수시로 보고한다. 일정기간의 경영실적을 곧바로 파악할 수 있는 역할을 담당한다. 또 보고한 내용을 바탕으로 문제점이 드러난 경우 앞으로의 경영목표를 달성 가능한 수준으로 변경해 자원을 재배치하는 것을 돕기도 한다. 또 세부적으로는 마케팅 부서에서 마케팅 수단을 바꾸도록 하는 등 각종 경영의사결정을 지원한다.

이 외에도 다음해 경영계획을 세울 때 회계를 바탕으로 나온 재무제표를 근간으로 하여 새로운 목표를 잡고 이를 토대로 새로운 경영계획을 수립하게 된다. 이렇듯 경영계획과 회계는 떼려야 뗄 수 없는 사이라고 할 수 있다.

그런데 앞의 경영분석 도구는 주로 내부에서 사용되는 것이다. 다만 내부구조를 알지 못하는 사람들에게는 무용지물이 될 수 있다.

따라서 외부 이해관계자들은 공표된 재무제표를 통해 경영분석을 실시할 수밖에 없다. 물론 내부 이해관계자들도 재무제표를 통해 다양한 분석을 추가할 수 있다.

그래서 이하에서는 회계상의 수치를 이용한 방법(이를 '재무제표 분석'이라 한다)을 통해 재무상태표와 손익계산서를 중심으로 한 분석을 하고자 한다.

참고로 최근에는 현금흐름 분석이 보다 유용한 정보를 제공해 주는 것으로 인식이 돼 이에 대한 분석이 활발해지고 있다. 이러한 분석은 현금흐름표를 통해 행해질 수 있다.

Tip   재무제표 분석의 다양성

각 기업의 이해관계자들은 대개 경영자, 금융기관, 투자자 등으로 나뉜다. 그런데 이들은 동일한 기업의 재무제표를 두고도 각각 그들의 관점에 따라 재무제표를 분석한다. 예를 들면 경영자는 경영관리에 필요한 자료를 입수하기 위해 당기순이익, 매출액, 원가분석 등을 한다. 금융기관은 채무변제 능력을 보기 위해 유동성이나 수익성 등을 검토한다. 투자자들은 미래의 경영성과를 판단하기 위해 수익성과 성장성 등을 우선 검토한다.

따라서 앞으로 보게 될 각종 분석들은 어느 특정한 이해관계자들의 욕구를 충족시켜 주지 못한다. 다만 이러한 분석들을 기본으로 삼고 필요한 분석들을 추가하면 소기의 목적을 달성할 수 있을 것으로 본다.

참고로 분석의 척도로 삼은 표준비율은 업종과 규모에 따라 달라진다. 한국은행이나 산업은행에서 매년 발표하는 기업분석자료를 참고하면 될 것이다.

우리 회사는
대외적으로 안정성이 있을까

일단 앞에서 본 재무상태표의 형식을 다시 한번 보도록 하자. 자산은 크게 유동자산과 비유동자산으로 구분된다. 자산은 오른쪽의 부채와 자본으로 조달됐음을 나타내고 있다.

자산	부채와 자본		
유동자산	부채	유동부채	
		비유동부채 (고정부채)	
비유동자산 (고정자산)	자본(자기자본)		
차변: 자금의 운용	대변: 자금의 조달		

이상과 같은 재무상태표에서는 다음과 같이 세 가지 관점에서 분석해 보면 유용한 정보를 얻을 수 있다.

구분	해당 비율 분석	판정 기준
① 자본구조의 안정성	• 자기자본비율: (자기자본/총자본)×100 • 부채비율: (총부채/자기자본)×100	50% 이상 시 양호 100% 이하 시 양호
② 지불능력의 안정성	• 유동비율: (유동자산/유동부채)×100 • 당좌비율: (당좌자산/유동부채)×100	200% 이상 시 양호 100% 이상 시 양호
③ 자산운용의 안정성	• 고정비율*: (비유동자산/자기자본)×100 • 고정장기적합률: 비유동자산/(자기자본+비유동부채)×100	100% 이하 시 양호 100% 이하 시 양호

* 용어 변경으로 고정비율은 비유동비율로 해야 하나 편의상 종전대로 사용하기로 한다.

첫째, 자본구조의 안정성부터 살펴보자.

자본구조의 안정성은 앞의 재무상태표 오른쪽 난에 위치한 부채와 자본을 가지고 분석하는 것을 말한다.

현실적으로 기업을 운영하기 위해서는 많은 자금이 필요하다. 이때 주주들로부터 자금을 받아 운영하는 것은 한계가 있으므로 금융기관 등으로부터 부채를 차입해 사용할 수도 있다. 하지만 과도한 부채는 기업의 체력을 허약하게 만들기 때문에 자본구조가 적정한지 이를 점검할 필요가 있다.

실무적으로는 총자본인 부채와 자본에서 자기자본이 차지하는 비중(자기자본/총자본)이 50%를 넘는 경우에는 자기자본이 양호하다고 판단된다. 자기자본비율이 높을수록 회사의 자본조달은 안정성이 있다. 그렇다면 이런 자기자본비율이 1,000%가 되면 자본구조가 안정적이라고 할 수 있을까? 이런 회사는 차입경영을 하지 않는 회사이므로 자본구조가 매우 안정적이라고 할 수 있다. 하지만 자기자본비율이 높다고 해서 무조건 좋다고 단정지을 것은 아니다. 회사에 새로운 투자가 필요함에도 불구하고 투자금액이 부족한 경우 미래를 걱정해야지 자기자본이 많다고 자랑할 것은 아니기 때문이다.

$$\bullet \ \text{자기자본비율} = \frac{\text{자기자본}}{\text{총자본(=부채 + 자본)}} \times 100$$

한편 부채비율로는 자본구조상 부채 의존도를 가늠해 볼 수 있다. 이 비율은 총부채를 자기자본(총부채/자기자본)으로 나눠서 계산한다. 100% 이하가 나와야 양호하다고 판정을 내릴 수 있다.

$$\bullet \ \text{부채비율} = \frac{\text{총부채(= 유동부채 + 비유동부채)}}{\text{자기자본}} \times 100$$

상식적으로 보건대 만약 부채비율이 100%를 초과하는 경우에는 추가부채조달의 어려움과 과다한 이자비용 지급을 예측해 볼 수 있다. 이러한 기업은 현금흐름이 불량하기 때문에 회사가 늘 불안할 수밖에 없다. 만약 이 비율이 낮고 내부에 유보된 이익이 많다면 우량기업이라 할 수 있다. 그래서 이러한 기업들은 안정적이고 지속적으로 경영 활동을 하게 된다.

Tip	자기자본을 늘리는 법

- 증자를 해 자본금을 늘린다.
- 이익처분 때 사외유출보다는 사내유보를 많이 한다.
- 외상매출금 등 매출채권을 조기에 회수해 부채를 갚는다.
- 재고자산을 줄여 남은 자금으로 부채를 줄인다.

둘째, 지불능력의 안정성이다.

유동성은 기업의 보유자산을 1년 내 가치의 손실 없이 신속하게 현금화할 수 있는 정도를 의미한다. 유동성비율 분석은 기업의 단기채무자금능력의 상태를 평가하는 척도이다.

$$\cdot 유동비율 = \frac{유동자산}{유동부채} \times 100$$

유동비율은 유동자산을 유동부채로 나눈 것이다. 일반적인 기준으로 유동비율은 200% 이상이 바람직한 것으로 평가된다. 그런데 이 비율은 해당 기업의 상황에 따라 상이할 수 있다. 이 비율이 높을 때 채권자 입장에서는 회수 가능성이 높아지지만, 경영자 입장에서는 유동자산의 과다한 보유로 수익성을 저하시킬 가능성이 있다(예를 들면 유동자산 중 재고자산을 많이 보유하면 현금회전이 잘 안 되는 경향이 있다).

한편 당좌비율은 당좌자산(유동자산 - 재고자산)을 유동부채로 나눈 것이다. 재고자산이 현금화되지 못할 (또는 더딜) 가능성이 높아 이를 제외해 산정한 비율이다. 이를 보아 당좌비율은 유동비율보다 유동성측면을 더 강조하는 비율임을 알 수 있다. 일반적인 비교 기준인 100% 이상이 바람직한 것으로 평가된다.

$$\cdot \text{당좌비율} = \frac{\text{당좌자산}}{\text{유동부채}} = \frac{\text{유동자산 - 재고자산}}{\text{유동부채}}$$

Tip   **지불능력을 향상시키는 법**

- 증자를 통해 자본금을 늘리고 단기차입금을 상환한다.
- 고정자산을 팔아 자금을 회수해 부채를 줄이거나 당좌자산을 늘린다.
- 유동부채를 고정부채로 돌린다.

셋째, 자산운용의 안정성이다.

기업은 조달된 자본으로 자산을 구입하게 된다. 이때 구입한 자산이 고정자산인 설비투자에 해당하면 투하된 자본의 회수가 지연된다. 그런데 이 설비투자가 실패됐다고 해 보자. 그렇게 되면 회사는 도산할 가능성이 높아진다. 그래서 투자는 자기자본 범위 내에서 하는 것이 안전하다. 이때 이를 측정하는 지표가 바로 아래와 같은 고정비율이다. 통상 이 비율이 100% 이하가 돼야 양호하다고 판정할 수 있다.

$$\cdot \text{고정비율} = \frac{\text{비유동자산(고정자산)}}{\text{자기자본}} \times 100$$

한편 고정장기적합률은 비유동자산(고정자산)과 장기자본(자기자본과 비유동부채) 간의 관계를 분석한 것이다.

현실적으로 설비투자를 할 때는 천문학적인 돈이 들어갈 수 있다. 그런데 만일 자기자본만으로 부족하다면 어떻게 해야 할까? 이럴 때에는 당연히 부채를 사용할 수밖에 없다. 그렇다면 부채 중 단기부채인 유동부채와 장기부채인 비유동부채 중 어떤 자본이 더 선호될까? 당연히 비유동부채를 동원해야 자금운용의 안정성이 확보될 것이다. 이 비율분석은 이런 관점에서 소유한 비유동자산이 어느 정도 장기자본에 의존하고 있는가를 보여 준다. 일반적으로 100% 이하면 양호하다고 본다.

$$\cdot \text{고정장기적합률} = \frac{\text{비유동자산(고정자산)}}{\text{장기자본(자기자본 + 비유동부채)}} \times 100$$

Tip   **국제회계기준과 재무제표 분석**

이 책에서 소개된 재무제표 분석은 연결재무제표에서도 사용할 수 있다. 다만, 연결재무제표가 작성되는 경우에는 과년도 연결재무비율과 비교하거나 동일 업종의 다른 기업의 연결재무비율과 비교해야 의미가 있을 것으로 보인다. 따라서 연결재무제표가 몇 해 정도는 작성되어야 비교의 의미가 있을 것이다. 참고로 연결재무비율과 개별재무제표상의 비율을 비교하는 것은 의미가 없음에 유의하자.

이익을 많이 내려면 어떻게 해야 할까

손익계산서의 구조를 보자. 손익계산서는 보통 다음과 같이 4단계로 구분할 수 있다. 물론 원칙적으로는 계속사업과 중단사업에 관한 손익과 주당손익에 대한 정보도 손익계산서상에 표시를 해야 한다.

이러한 손익계산서를 통해서 다음과 같이 수익성을 평가한다.

분석 목적	분석 비율	평가 기준
매출액에 대한 총이익률 크기	매출액 총이익률: (매출총이익/매출액)×100	20% 이상이 바람직 (높을수록 좋다)
매출액에 대한 영업이익의 크기	매출액 영업이익률: (영업이익/매출액)×100	10% 이상이 바람직 (높을수록 좋다)
매출액에 대한 경상이익*의 크기	매출액 경상이익률: (경상이익/매출액)×100	5% 이상이 바람직
매출액에 대한 순이익의 크기	매출액 순이익률: (당기순이익/매출액)×100	높을수록 좋다

＊ 최근에는 경상이익이란 용어는 사용하지 않으나 편의상 종전대로 사용하기로 한다. 단, 경상이익은 중단사업이 있는 경우에는 법인세차감전계속사업이익, 중단사업이 없는 경우에는 법인세차감전이익을 의미한다(55쪽 참조).

① 매출액 총이익률

매출액 총이익률은 매출액에 비해 총이익이 얼마가 되는가를 나타 낸 것이다. 이 비율은 높을수록 양호하며 이 비율을 증가시키기 위해 서는 매출액을 증가시키거나 매출원가를 줄여야 한다.

$$\text{• 매출액 총이익률} = \frac{\text{매출총이익}}{\text{매출액}} \times 100$$

이 비율은 제조업이나 도소매업 등 매출원가 비중이 높은 기업에 서 중요시된다. 매출총이익은 매출액에서 매출원가를 차감한 이익이 되고 이 금액의 크기는 당기순이익의 크기를 결정하는 주요 요소가 되기 때문이다. 이러한 매출액 총이익률 분석은 경영의사결정에서도 사용되는 경우가 많다. 예를 들어 어떤 기업에서는 여러 가지 상품을 다음과 같이 제조해 팔았다고 하자.

	A 상품	B 상품	C 상품
매출액	1억 원	2억 원	3억 원
매출원가	7,000만 원	1억 5,000만 원	2억 7,000만 원
매출총이익	3,000만 원	5,000만 원	3,000만 원
매출액 총이익률	30%	25%	10%

이상과 같은 상품 군에서 이 기업에 이익을 안겨다 주는 상품 순서는 'A 상품 > B 상품 > C 상품' 순이다. 따라서 경영자라면 C 상품의 부진 이유를 알아보고 이를 개선하는 동시에 여의치 않은 경우 A 상품 판매에 집중할 수도 있을 것이다.

한편 매출액 총이익률이 연도별로 달라지는지 점검해야 한다. 그래서 만일 그 비율이 변동하였다면 그 이유를 찾아 개선시키는 노력을 해야 한다. 예를 들어 매출액 총이익률이 낮아졌다면 이는 매출원가가 상승했다는 것을 의미하므로 그 원인을 밝혀 적절한 처방을 내릴 수 있어야 한다.

② 매출액 영업이익률

매출액 영업이익률은 매출액에 비해 영업이익이 얼마가 되는가를 나타낸 것이다. 이 비율은 높을수록 양호하며 이 비율을 증가시키기 위해서는 매출액을 증가시키거나 매출원가 그리고 판매관리비를 줄여야 한다. 영업이익은 매출총이익에서 판매관리비를 차감해 계산하기 때문이다.

$$\bullet \text{ 매출액 영업이익률} = \frac{\text{영업이익}}{\text{매출액}} \times 100$$

영업이익은 그 기업의 주된 영업활동으로 벌어들인 이익을 뜻하기 때문에 매출액 영업이익률이 높다는 것은 영업활동을 잘했다는 것을 의미한다. 이러한 지표분석을 동종업계와 비교해 보면 자기 기업의 위치를 알 수 있다.

③ 매출액 경상이익률

매출액 경상이익률은 매출액에 비해 경상이익이 얼마가 되는가를 나타낸 것이다. 이 비율은 높을수록 양호하며 이 비율을 증가시키기 위해서는 매출액과 영업외수익을 증가시키거나 매출원가, 판매관리비, 영업외비용을 줄여야 한다. 경상이익은 영업이익에 영업외수익을 더하고 영업외비용을 차감해 계산하기 때문이다.

$$\bullet \text{ 매출액 경상이익률} = \frac{\text{경상이익}}{\text{매출액}} \times 100$$

경상이익은 회사가 일상적인 경영 활동에 따라 벌어들인 이익을 말한다. 이 이익은 평소 그 기업의 재무능력이 얼마나 되는지를 측정할 수 있는 지표가 된다. 만일 동종업계보다 이 비율이 높으면 이 기업은 경쟁력이 있다고 판단할 수 있다.

경제적 부가가치(EVA, Economic Value Added)

경제적 부가가치(EVA)는 기업이 고유의 영업활동을 통해 창출한 순가치 증가분을 말한다. 이 분석방법은 1980년대 후반 미국의 스턴스튜어트사가 도입한 것으로 기업의 재무적 가치와 경영자의 업적을 평가하는 데 순이익이나 경상이익보다 훨씬 효율적인 지표로 활용되고 있다.

현재 이 분석기법은 주주의 기회비용인 자기자본비용을 고려했다는 점에서 유용성이 높은 것으로 평가되고 있다. EVA는 다음과 같이 구한다.

EVA = 세후 순영업이익 − 자본비용

여기서 세후 순영업이익이란 세금이 공제된 후의 영업이익을 말한다. 또 자본비용이란 채권자(타인자본비용)와 주주(자기자본비용)들의 자본비용을 가중평균한 것을 말한다. 타인이자비용은 사전에 결정되나 주주에 대한 자본비용은 무위험자산수익률과 리스크 프리미엄을 합한 것을 사용한다.

이해를 돕기 위해 예를 들어 보자.

〈예〉

어떤 기업의 세후 영업이익이 1억 원이다. 그런데 부채에 대한 이자비용이 5,000만 원이다. 현재 자본금은 10억 원이고 자기자본비용(주주들의 최저 기대수익률)이 6%라고 한다면 경제적 부가가치는?

EVA = 100,000,000원 − 50,000,000원 − (1,000,000,000원 × 6%)
     = −10,000,000원

이 기업은 당초 자기자본비용을 고려하지 않을 때는 5,000만 원의 이익이 발생했다고 보고됐으나 주주에 대한 기회비용을 반영한 결과 오히려 −1,000만 원이 발생했다. 따라서 이 기업은 영업활동을 열심히 했지만 결과적으로는 자본비용을 상회하지 못했기 때문에 경영 활동이 미진했다고 판단내릴 수 있다.

손익분기점 분석(BEP, Break Even Point)

각 기업들은 다음과 같은 상황에 항상 의문을 품곤 한다.

– 손익이 '0원'이 되는 신제품 판매량은 얼마일까?

– 신제품 가격을 얼마로 해야 할까? 이렇게 가격을 결정하면 개당 이익은 얼마가 될까?

– 매출은 비용을 커버하고 있는가?

– 목표로 하는 이익을 달성하려면 매출은 얼마나 올려야 하는가?

– 비용이 늘거나 줄면 이익은 어떻게 달라지는가?

– 적자를 줄이려면 매출을 얼마나 늘려야 하는가?

이러한 상황을 효과적으로 분석할 수 있는 방법이 있는데 그것이 바로 손익분기점분석(BEP분석)이다. 여기서 '손익분기점'이란 총수익과 총비용이 일치해 이익이나 손실이 발생하지 않는 판매량 또는 매출액을 말한다. 따라서 손익분기점은 수익과 비용이 같은 점이므로 수익이 비용을 완전히 보전한 후부터 이익이 발생한다.

실무적으로 이 분석은 고정비(매출의 크기와 관계없이 고정적으로 발생하는 비용. 대표적으로 인건비가 있음)와 변동비(매출에 비례적으로 증가하는 비용. 대표적으로 판매비가 있음)를 나누는 작업부터 해야 한다.

참고로 손익분기점을 계산하는 식은 다음과 같다. 구체적인 것은 이 책의 자매서인 『신입사원 왕초보 재무제표의 달인이 되다』나 관리회계 책으로 공부하기 바란다.

$$\text{손익분기점(매출액)} = \frac{\text{고정비}}{1 - \text{변동비율}(= \text{변동비/매출액})}$$

기업이 느리면
현금흐름이 불량해진다

앞에서 우리는 재무상태표와 손익계산서를 각각 하나씩 두고 대략적인 분석을 마쳤다. 재무상태표에서는 주로 안정성을, 손익계산서에서는 수익성을 위주로 살펴보았다.

이제부터는 재무상태표와 손익계산서의 각 항목을 종합 활용해 '활동성'에 대해 분석해 보자. 활동성은 회사에 군살이 없는지, 자금이 고여 있지 않은지 등을 분석하는 기법이다. 만일 이러한 지표분석을 통해 군살이 있거나 자금이 고여 있는 게 발견된다면 이를 바로 개선시키는 것이 필요하다. 개인이든 기업이든 몸집이 가벼워야 활동성이 높아지기 때문이다. 활동성 분석에서는 주로 총자본 회전율, 재고자산 회전율, 매출채권 회전율 등을 기본으로 분석한다.

구분	해당 비율 분석	판정 기준
① 총자본 회전율(회)	연간 매출액/(평균)총자본	높을수록 좋다
② 재고자산 회전율(회)	연간 매출액/재고자산	높을수록 좋다
③ 매출채권 회전율(회)	연간 매출액/매출채권	높을수록 좋다

① 총자본 회전율

총자본 회전율은 연간 매출액을 총자본으로 나눈 것으로서 자본이 매출을 기준으로 연간 몇 번이나 회전하고 있는가를 나타내는 지표이다. 여기서 총자본은 기초와 기말을 더해 2로 나눈 기중 평균총자본을 쓰는 것이 기말자본으로 쓰는 것보다 합리적이다. 회전율이라는 개념은 연중을 기준으로 따지기 때문이다.

$$\text{• 총자본 회전율} = \frac{\text{연간 매출액}}{\text{총자본(평균)}}$$

만일 이 회전율이 3회 나왔다면 총자본의 순환이 3회 있었다는 것을 의미한다. 따라서 회전율이 높다는 것은 그만큼 자금회전이 잘돼 자본을 효율적으로 사용했다고 할 수 있다. 자금회전이 잘되면 기업의 활동이 활발해지며 성장가도를 달린다고 할 수 있다. 이러한 회전율을 올리기 위해서는 총자본을 줄이든가 아니면 매출을 올리면 된다. 다만 총자본은 부채와 자본으로 구성되므로 가급적 부채를 줄이는 것이 재무구조를 탄탄하게 만드는 길이 될 것이다.

한편 총자본 경상이익률이라는 것이 있다. 이것은 자본의 사용효율을 나타내는 대표적인 수익성 지표에 해당한다. 다음과 같이 표시할 수 있다. 그런데 이 비율은 해당 기업이 총투자한 자본에 대한 일상적인 경영성과를 나타내는 경상이익 비중을 나타내므로 이 비율이 높아야 경영상태가 양호한 기업이라 할 수 있다.

$$\bullet \text{ 총자본 경상이익률} = \frac{\text{경상이익}}{\text{총자본}} \times 100$$

$$= \frac{\text{매출액}}{\text{총자본}} \times \frac{\text{경상이익}}{\text{매출액}} \times 100$$

$$= \text{총자본 회전율} \times \text{매출액 경상이익률}$$

그런데 이 식을 보면 총자본 경상이익률은 '총자본 회전율'과 '매출액 경상이익률'을 곱한 것과 같다. 그렇다면 총자본 경상이익률을 올리려면 총자본 회전율을 올리거나 매출액 경상이익률을 높이면 될 것이다.

Tip　　　**자기자본이익률**

자기자본이익률(ROE, Return On Equity)은 순이익을 자기자본으로 나눈 비율을 말한다. 이 지표는 기업의 수익성을 평가하는 자료로 사용된다. 구체적으로 자기자본이 순이익을 내는 데 얼마나 공헌했는가를 나타내며 20% 이상이면 양호하다고 판단한다.

---

② 재고자산 회전율

제조업이나 판매업 등 재고부담이 큰 기업은 재고자산 회전이 잘돼야 현금흐름이 좋아진다. 여기서 재고자산 회전이 잘된다는 것은 그만큼 물건이 잘 팔린다는 것을 의미한다. 재고자산 회전율은 1년 동안에 재고자산의 몇 배나 되는 매출을 올렸는가를 나타낸다. 이 비율은 현금화 속도를 나타내므로 높을수록 자본 수익성도 올라간다고 할 수 있다. 1년에 8회전 이상 올리면 양호한 것으로 판단한다. 다만 매출이 실제 현금화되었는지는 아래의 매출채권 회전율 등으로 추가 분석을 하여 따져 보아야 한다.

$$\bullet \text{ 재고자산 회전율(회)} = \frac{\text{연간 매출액}}{\text{재고자산(평균)}}$$

③ 매출채권 회전율

매출채권이 정상적으로 회전하고 있는가 여부를 판단하는 분석법이다. 기업은 매출과 이익이 많이 나더라도 이를 현금으로 회수를 하지 못하면 자금이 고이는 현상이 발생한다. 따라서 이 분석은 매출채권의 현금화 속도를 따져 보는 데 도움이 된다. 통상 연간 6회전 이상 매출채권이 회전하면 양호하다고 판단을 내린다.

$$\bullet \text{ 매출채권 회전율(회)} = \frac{\text{연간 매출액}}{\text{매출채권(평균)}}$$

- **군살을 뺀다**: 기업의 활동성이 낮다는 것은 군살이 많아서이다. 따라서 기업의 자산 중 과대한 자산들(과잉재고, 회수기간이 늦는 매출채권 등)은 속히 제거해야 한다.
- **자금회전을 빠르게 한다**: 현금화 속도를 늘리면 수익성도 좋아지고 활동성도 좋아진다. 혈액이 왕성히 돌아야 건강한 몸이듯이 기업도 자금이 잘 회전돼야 건강한 기업이다.

EPS(주당순이익)로
주가 예측을 할 수 있다

현실적으로 재무제표에 관련된 정보들이 유용하게 사용되는 곳이 바로 주식시장 등 금융시장이다. 돈을 빌려주는 은행에서는 각 기업의 재무제표를 통해 채무변제능력 등을 판단하고 있다. 물론 평가기준은 각 금융기관마다 상이하나 주로 자본이익률과 매출액이익률 등의 지표분석과 숫자로 표현할 수 없는 경제 환경이나 정책의 변화, 업계동향, 경영자의 자질 등을 추가로 고려한다.

한편 주식시장에서는 예로부터 EPS,* PER,** PBR*** 등이 있다. 이러한 지표들을 통해 현재 주가의 적정성이나 향후 주가의 흐름 등을 예측하곤 했다.

---

* 주당순이익, Earnings Per Share
** 주가수익비율, Price Earnings Ratio
*** 주가순자산비율, Price Bookvalue Ratio

그런데 이러한 지표분석들은 우리가 지금까지 배워 왔던 회계처리 전 과정의 결과물인 재무제표를 중심으로 이루어지고 있음을 먼저 이해할 필요가 있다. 만약 앞의 회계처리가 분식 등으로 왜곡돼 있다면 이런 분석 자체가 무의미하다. 물론 회계처리 왜곡은 이외에도 다른 이해관계자들에게도 상당한 파급효과를 주게 된다.

결국 PER가 어떤 것을 의미하고 이를 어떻게 하면 잘 활용할 것인가가 중요한 것이 아니라, 회계처리의 올바른 과정을 이해하고 재무제표를 두고 다각도로 분석할 수 있어야 한다. 그렇게 하는 것이 오류를 줄이는 최선의 길이 될 것이다.

그렇다면 화제를 바꾸어 EPS나 PER 등이 무엇을 의미하는지 자세히 보자.

① EPS

주당순이익은 기업의 당기순이익을 보통주인 유통주식 수로 나눈 것으로 기업의 수익력을 나타내는 지수이다. 쉽게 말하면 한 해 동안 벌어들인 순이익을 주주들이 갖고 있는 주식 수로 나눈 값이다. 이렇게 나눈 결과 그 값이 크다면 1주당 벌어들인 수익이 높으므로 그만큼 수익성이 좋은 기업이라고 할 수 있다.

주당순이익이 높은 기업은 우선 경영자들이 큰 보상을 받을 수 있고 주주들은 높은 배당을 기대할 수도 있다. 또 더 나아가 동종업계와의 비교를 통해 자사의 경영상태를 점검해 볼 수도 있다.

그런데 EPS를 계산할 때는 유통주식 수 산정과 당기순이익 산정에 주의할 필요가 있다. 주식은 기 중에 유상증자나 무상증자 등이 수시로 일어나므로 이를 가중평균해 주식 수를 계산해야 한다. 예를 들어 기 초에 1만 주 있었고, 7월 1일에 유상증자가 5,000주 있었다면 1년 동안에 유통되는 주식 수는 다음과 같이 계산된다.

구분	기간	주식 수	가중치	가중평균 주식 수
기 발행주식 수	1.1~12.31	10,000	12/12	10,000
유상증자	7.1~12.31	5,000	6/12	2,500
계				12,500

한편 보통주식을 가진 주주들은 우선주 배당금을 차감한 잔액에 대해 배당을 받는다. 따라서 보통주주들을 위한 주당순이익 계산 시 당기순이익에서 우선주 배당금을 차감해야 한다.

예를 들어 당기순이익이 1억 2,000만 원이고, 우선주 배당금이 2,000만 원이라면 수정 당기순이익은 1억 원이 된다.

이상과 같은 예에서 EPS는 다음과 같이 계산된다. 참고로 실무적으로 EPS 계산은 여러 가지 항목의 추가로 좀 더 복잡할 수 있다.

EPS = 100,000,000원/12,500주 = 8,000원

② PER

이제 PER를 이해해 보자. PER는 기업의 주가를 앞의 주당순이익으로 나눈 비율을 말한다. 이 지표는 주당순이익의 몇 배만큼 주가가 형성돼 있는지를 보여 준다. 그래서 이 지표를 다른 기업과 비교해

봄으로써 향후 주가가 상승 또는 하락할 가능성을 예측할 수 있다.

현재 앞의 기업의 주가가 1만 6,000원 또는 16만 원이라고 하자. 그렇다면 PER는 다음과 같이 계산된다.

- 주가가 1만 6,000원인 경우

  PER = 16,000원/8,000원 = 2배

- 주가가 16만 원인 경우

  PER = 160,000원/8,000원 = 20배

자, 두 가지 상황이 나왔다. 이를 어떻게 해석할 수 있을까?

우선, 주가가 1만 6,000원인 경우 주가수익비율은 주당순이익의 2배 수준이다. 만일 동종업계 어느 기업의 PER가 5배라면 이 기업의 PER는 낮게 평가(주식이 할인됐다)됐으므로 향후 주가가 오를 가능성이 있다. 주가가 16만 원인 경우에는 고평가됐으므로 그 반대로 해석할 수 있다.

참고로 주가 예측은 이러한 모델 한두 가지로 예측할 수 있는 것이 절대 아니다. PER도 결국 당기순이익 등의 영향을 받기 때문에 이 이익이 기업의 진정한 이익인지도 검토해야 한다. 또 기업의 자산가치도 무시할 수가 없다. 예를 들어 어느 기업에 많은 부동산이 있고 이를 시세로 평가했을 때 많은 이익이 있다는 것도 주가를 움직일 수 있기 때문이다.

7장

창업 회계
시스템 구축과
컨설팅

회계 시스템은
어떻게 구축할까

왕경리가 몸담고 있던 회사의 용기백 사장은 사실 야무진이 업무상 알고 지내던 고객이다. 그가 회사를 나와서 프랜차이즈 사업을 시작하겠다고 하면서부터 많은 정보를 주고받았다.

용 사장은 아무래도 언제 그만둘지도 모를 직장생활을 계속 영위하는 것보다는 사업을 해 제2의 인생을 출발하는 것이 좋겠다는 판단을 내려 오늘에 이르렀다. 처음에 용 사장은 세무회계 시스템을 어떻게 가져갈 것인지 엄두가 나지 않았다. 하지만 얼마 안 가서 야무진이 소개한 고단수 세무사를 만나면서 하나둘씩 문제를 해결했다. 그렇다면 어떻게 해결했을까? 그때의 상황으로 돌아가 보자.

"회계를 생각하니 앞이 깜깜하지 뭡니까. 잘 정리가 되지 않으면 세금신고 때 문제가 될 것 같기도 해서요. 또 나중에 회사를 크게 키워 보고 싶기도 합니다. 이런 관점에서 회계 시스템을 어떻게 구축해야 하는지 궁금합니다."

고 세무사는 용 사장의 회사에 맞는 맞춤별 회계 시스템 구축을 제안했다.

"사장님, 뭐 회계나 세무 모두 사람들이 하는 일이 아닙니까? 따라서 회사에 가장 적합한 시스템을 골라 탄탄하게 만드는 것이 좋겠지요? 회사 규모는 작은데 회사에 맞는 회계 전산 시스템을 개발한다고 몇천만 원씩 투자할 필요가 있나요? 규모가 작으면 작은 대로 크면 큰대로 자기 회사에 맞는 시스템을 구축해야겠지요."

고단수 세무사가 제안한 내용을 보자.

실무적으로 회계 시스템은 개인기업과 법인기업 또는 업종 간에 큰 차이가 있다. 우선 개인기업은 사업주체가 개인이며 사업상 자본금을 납입해야 하는 조건도 없다. 또한 법인기업처럼 배당의무도 없다. 다만 세금신고에서는 법인만큼 부담을 지고 있으므로 개인기업의 회계 시스템을 세무신고용으로 짜이는 경우가 많다. 따라서 개인기업의 회계 시스템은 매출, 매입관리, 현금수지관리 정도가 중요하다.

그런데 법인기업은 상법이나 세법 등에서 여러 가지를 규제하고 있기 때문에 개인기업이 중요시하는 기능 외에 회계의 투명성을 위한 회계 시스템을 잘 갖출 필요가 있다.

특히 창업 초기에 대표자의 돈과 법인의 돈이 뒤섞이는 일들이 발생하거나 돈의 입출금 시스템이 정립되지 않으면 이를 바로잡는 데 많은 시행착오를 겪을 수밖에 없다. 그렇게 되면 자료의 불완전성으로 인해 세무상 문제점을 늘 안고 있을 수밖에 없어 세무조사 시 불

필요한 오해를 불러일으킬 가능성이 높다.

내부관리 시스템이 허술하면 할수록 관련 비용들이 증가한다. 앞으로 회사가 성장하는 데 한계를 가질 수밖에 없다.

따라서 현명한 법인사업자라면 창업 초기부터 회계와 세무에 관한 시스템을 확실히 해 두고 사업을 시작하는 것이 필요하다. 그렇다면 구체적으로 어떤 식으로 접근하는 것이 좋을까? 다음의 회계 시스템 구축을 위한 기본개념을 이해해 보자.

우선, 돈의 흐름을 관리할 체제를 갖추는 것이 좋다.

개인기업이든 법인기업이든 그리고 회사 규모가 크든 작든 돈이 들어오고 나가는 통로를 잘 관리해야 나중에 문제가 없다. 사업 초기라면 정확한 자본을 따져 보고, 돈이 나가는 시점부터 지출관리 시스템을 만들어 시행해야 한다. 돈은 기업의 생명줄과도 같다. 기본적으로 이런 시스템이 견고하게 돼 있다면 매일의 자금현황을 볼 수 있다. 또 자금수지계획도 원활하게 작성할 수 있다. 이 외에도 어쩌면 발생할지도 모를 횡령 등을 사전에 방지하는 효과도 있다.

둘째, 회계기록 시스템을 잘 갖출 필요가 있다.

세법 등에서는 기업에 대해 재무제표나 장부를 작성해 비치하도록 하는 등의 의무를 부여하고 있다. 그래서 재무제표나 장부는 임의대로 작성하면 안 된다. 관련법이나 기준에 맞게 작성돼야 한다. 만일 장부를 조작하거나 실수가 있어 오류가 존재한다면 향후 이를 수정하는 데 많은 노력이 필요하다. 또 불필요한 세무간섭을 받게 돼 세무 관련 비용이 증가할 수 있다. 그래서 회계기록을 어떻게 하고 이를 남길 것인지 그리고 데이터의 신뢰성을 확보할 수 있는지 늘 고민해야 한다.

셋째, 의사결정의 도구로 회계를 이용할 수 있어야 한다.

회계는 과거에 발생한 거래를 단순히 숫자로 정리하는 제도이다. 하지만 이를 어떻게 활용하는가에 따라 앞으로의 그 내용이 달라진다. 예를 들어 회계정보를 이용해 회사 경영의 문제점을 분석할 수 있고 다음 연도의 사업계획을 수립하는 데 도움을 받을 수도 있다. 또한 원가분석을 통해 원가절감을 꾀할 수도 있고 외부에 견적서를 낼 때 견적가를 산출하는 데도 유용하게 사용할 수 있다. 따라서 회계 시스템은 경영상의 각종 의사결정에 유용하게 설계가 돼야 할 것이다.

Tip | **창업 초기 또는 현재의 회계 시스템 진단**

앞으로 보게 되는 회계 시스템 구축 내용은 주로 창업 초기에 있는 기업들에게 유용한 정보들로 구성돼 있다. 하지만 현재 계속 경영해 온 기업이라도 이곳에서 제기되는 시스템과 비교해 볼 필요가 있다. 따라서 그동안 문제가 됐던 것은 과감히 개선시키는 자세가 필요하다.

다만 이곳의 내용들은 시간이 흘러가면서 중요성이 변할 수 있다. 또 이보다 더 효율적인 시스템이 존재할 수 있음을 감안하기 바란다.

먼저 자기자본과 부채를 정확히 파악하라

"구체적으로 하나씩 설명을 부탁드립니다. 물론 여기에 대한 수수료는 내겠습니다. 하하하."

용 사장은 자신의 회사에 맞는 회계 시스템을 갖출 수 있다고 생각하니 가슴이 벅차오름을 느꼈다.

'이렇게 관리를 하면 회사 내부가 탄탄해지겠군. 매일의 자금현황도 파악할 수도 있고, 그리고 세무관리도 되고…….'

용 사장은 불현듯 궁금한 것이 하나 떠올랐다.

"그런데 자금관리나 회계기록 업무 등은 누가 합니까? 야무진 씨한테 들은 바로는 회계와 세무는 외부에서도 한다고 들어서요."

"아, 요즘 추세가 회사 핵심 이외의 기능은 외부에 아웃소싱하는 경우가 많습니다. 급여 지급뿐만 아니라 경리조직까지도 자체적으로 운영할 필요성이 떨어지면 저희 법인처럼 세무회계를 아웃소싱 하는 곳에 위임한 경우도 많지요. 하지만 위임을 하더라도 기본적으로 회사가 해야 할 일들은 그곳에서 해야 합니다. 이를테면 자금을 조달하고 상환하거나 현금을 지출하는 업무 등이 될 것입니다."

고 세무사는 회사에서 정리해야 할 내용들을 설명하기 시작했다.

개인기업이든 법인기업이든 창업 초기에는 무엇보다도 자본을 정확히 파악해 두어야 한다. 여기서 말하는 자본은 타인자본(부채)과 자기자본을 얘기한다. 특히 개인이 부채를 빌려 사업을 하는 경우 금융기관으로부터 빌린 돈에 대한 이자도 비용 처리를 할 수 있으나, 사업과 관련성을 입증하지 못한 경우에는 비용입증 시 곤란을 겪을 수 있다.

법인기업이라면 더더욱 자본관리를 충실히 해야 한다. 특히 창업 초기나 사업에 손실이 나는 경우 대표이사가 법인을 위해 사용한 돈이 제대로 정리가 되지 않으면 재무제표가 엉망진창이 된다.

초기자본은 어떻게 정리해야 하는지 예를 들어 살펴보자.

앞의 용 사장이 다음과 같이 법인을 설립해 돈을 지출했다고 하자.

(단위: 만 원)

날짜	항목	입금	출금	비고
1월 2일	자본금	50,000,000		@5,000원×1만 주
1월 3일	임차보증금		10,000,000	
1월 5일	비품 구입		10,000,000	

이 회사는 자본금 5,000만 원을 출자해 자본을 형성했고 이 중 2,000만 원은 임차보증금과 비품으로 지출했다. 그리고 나머지 3,000만 원은 회사 통장에 남아 있다. 이를 재무상태표 형식으로 표현하면 다음과 같다.

(단위: 만 원)

자산	보통예금　3,000 임차보증금 1,000 비품　　 1,000	부채	
		부채계	
		자본	자본금 5,000
		자본계	5,000
자산계	5,000	부채와 자본계	5,000

이 회사의 자본금 조달은 설립 시 납입한 자본금으로 충당됐다. 이 자본금은 보통예금이나 임차보증금 그리고 비품 형태로 보유되고 있는 것이다. 이렇게 초기에 투자된 자산을 바탕으로 회사 경영을 시작하게 된다.

참고로 법인 설립 시 자본납입과 관련해 주의해야 할 점을 보자. 법인기업을 설립할 때 통상적으로 주주들은 채권자 등을 위해 5,000만 원의 자본금을 출자해야 한다(단, 현재 상법상의 최저자본금제도는 폐지됨. 상법 제329조 제1항). 그런데 내가 만일 돈을 가지고 있지 않으면 어떻게 해야 할까? 일단 통장에 5,000만 원이 있어야 하니 우선 급한 대로 돈을 빌려다 넣은 후 등기를 하고 얼마 안 있다가 부채를 갚으면 될 것이다. 이러한 행위를 상법에는 가장납입이라고 하는데 상법 및 세법 등에서는 이를 강력히 규제하고 있다.

한편 사업을 준비하면서 들어간 비용 등은 개업비 등의 항목으로 비용 처리가 가능하다.

입출금 시스템이
투명성을 보장한다

"회사의 입출금 시스템은 매우 중요할 것 같습니다. 자금흐름이 원활하지 못하면 회사 경영이 어려울 것은 뻔해서죠. 어떻게 하면 효과적으로 자금관리를 할 수 있을까요?"

용 사장은 자금흐름 관리에 대해 특히 관심을 나타냈다.

"일단은 사장님께서 초기 자금관리는 직접 집행해 가면서 틀을 갖춘 후 그 업무를 위임하는 것이 옳은 방향입니다. 대체적으로 사장님들이 귀찮다는 이유로 자금관리를 직원에게 바로 위임하는데, 그렇게 하면 자금흐름의 맥을 잡지 못해 경영상 애로가 발생할 수 있습니다. 또 비효율적인 집행으로 인해 낭비가 발생할 가능성이 높습니다. 따라서 자금의 지출과 입금 시스템은 명확히 해 사규 등으로 제정해 자동적으로 흘러가도록 해야 합니다."

고 세무사는 자금관리에 대해 다음과 같이 순차적으로 제안을 했다.

첫째, 통장은 용도별로 관리하도록 하고 통장기록은 자세히 하도록 하자.

사업 초기부터 통장은 우선 입금용과 출금용으로 관리하자. 입금용은 거래처나 거래 내용에 따라 적절히 나누면 될 것이다. 출금용은 자재대, 공과금, 인건비 기타 잡비용 등으로 구분해 보관하자.

한편, 통장의 입출금 내역은 될 수 있는 한 자세히 기록되도록 하자. 그래야 나중에 결의서나 전표를 작성하기가 용이하다(외부에 아웃소싱을 줄 때도 통장사본을 주어야 하므로 마찬가지다).

둘째, 소액현금은 별도의 집행기준을 만들어 시행하자.

소액현금은 회사 내에서 일상적으로 지출되는 소모품이나 차(茶)대 등에 대한 현금지출분을 말한다. 이러한 비용은 사전에 지출되는 수준을 결정해 담당자 책임하에 지출할 수 있도록 결재라인을 단순히 할 필요가 있다. 예를 들어 소액현금관리는 다음과 같이 한다. 소액이 아닌 것은 가급적 통장이체 등의 방법을 통해 자금흐름을 투명하게 관리하는 것이 좋다.

현금출납장

날짜	계정과목	입출금 내용	입금	출금	잔액
계					

회사통장에서 50만 원을 출금해 시재로 사용한다면 날짜에 맞게 입금란에 해당금액을 기입한다. 그리고 이 금액을 용도에 맞게 지출해 잔액이 다 소진된 경우 다시 회사통장에서 돈을 인출해 시재금을 보충한다. 이때 소액현금출납장은 증빙과 함께 관리담당자에게 제출하면 된다.

셋째, 기본적으로 회사 입출금관리는 결의서에 의하는 것이 좋다.

우선 결의서 형식부터 보자. 참고로 결의서 형식은 정형화된 것이 없으며 각 회사의 실정에 맞게 작성되면 된다.

Tip　　**결의서와 전표 작성법**

아래의 결의서와 전표 작성법을 보자.

첫째, 결의서는 입출금 거래 등 주로 회계상의 거래가 발생했을 때 기록한다. 만약 결의서 전에 품의가 필요하면 내부품의를 통해 결재권자의 결재를 받으면 될 것이다.

둘째, 기재사항 중 적요란은 해당 입출금 등의 내역을 간결하게 적는다.

셋째, 오른쪽 결재란은 현업부서와 경리부서의 결재라인을 표시하고 있다. 위임전결 규정에 따라 처리한다. 출납인은 돈을 최종적으로 출납하는 담당자의 서명 날인을 의미한다.

넷째, 전표는 입금과 출금 그리고 대체전표가 있다. 이들의 작성법에 대해서는 제3장을 참조하기 바란다.

다섯째, 증빙서류는 결의서 뒤에 첨부할 수도 있고 따로 증빙철을 만들어 보관할 수도 있다.

입금, 지출, 대체결의서

일련번호:

작성부서		발의	년 월 일		결재	
작성자		결재			대표이사	
다음과 같이 수입/지급/대체코자 하오니 승인하여 주시기 바랍니다.						
금액	원정				현업부서	경리부서
제목						이사
거래처명		증빙 서류	간이, 금전, 세금계산서, 계산서, 카드, 현금영수증			
적요						부장
						과장
						대리
			출 납 인			주임
						담당
근거서류명						

□입금, □출금, □대체전표

처리일: 200 년 월 일

차변과목		차변금액	대변과목		대변금액
합계			합계		

※ 이 양식은 결의서와 전표양식을 한꺼번에 관리해 내부관리와 회계관리를 동시에 할 수 있는 장점을 갖고 있다. 내부관리는 주로 결재라인을 통해 책임소재를 명확히 할 수 있다. 입출금에 대한 증빙과 기타 문서에 대한 근거를 파악할 수 있게 한다. 한편 회계관리는 전표를 통해서 이루어지게 된다.

10원도 맞추는
입·출금 업무처리 지침

"그런데 입출금 결의서를 작성하는 것도 일이라는 생각이 듭니다."

용 사장은 결의서를 보고 작성이 힘들겠다는 생각을 했다.

"아, 사장님, 사장님의 회사는 앞으로 크게 될 회사가 아닙니까. 지금이 번거롭다고 해서 이를 하지 않겠다고 하면 기초도 쌓지 않고 공사를 하는 것과 마찬가지가 됩니다."

"네에? 그렇게 되면 부실공사가……."

용 사장은 그 순간 가슴이 뜨끔거리는 것을 느꼈다.

"아, 그래서는 안 되지요. 일단 기초부터 잡아 가는 것이 필요하니 수용을 하겠습니다. 그 대신 이를 좀 더 편리하게 사용할 수 있도록 조언바랍니다."

그러면 용 사장의 주문처럼 앞의 입출금(대체 포함) 결의서를 좀 더 효율적으로 사용하려면 어떻게 해야 할까? 일반적인 회사의 기준으

로 한번 살펴보자.

첫째, 현업부서와 경리부서의 업무역할을 명확히 구분한다.

입금과 지출 그리고 대체 결의서를 작성하는 부서는 현업부서에서 담당한다. 경리부서는 돈을 지급할 때 금액, 증빙, 결재 등의 타당성을 검토하고 전표가 잘 작성됐는지 검토한다. 최종적으로 이러한 서류는 경리부서에서 보관하고 회계처리와 시재관리(통장관리 포함)를 한다.

둘째, 현업부서에 대해서는 입금, 지출, 대체거래에 대해 구체적인 업무지침을 준다.

● **입금거래**

입금과 관련된 거래에서는 계약서와 견적서의 보관방법, 세금계산서 수취방법, 거래명세표와 입금표 작성방법, 입금방법(지정통장, 입금일자 등) 등을 구체적으로 정한다.

● **지출거래**

지출거래 중 경상적인 것은 예산으로 통제하고 비경상적인 것은 품의서를 작성한 후 지출하도록 한다. 예를 들어 외근비, 부서비, 출장비 등 경상적인 비용은 사전에 사업계획 시 소요비용을 추산해 예산에 반영한다. 외근비나 출장비 등은 지출기준을 정하도록 한다. 외근비나 출장비 등은 결의서상에 나타낼 수 있다. 또는 별도 서식을 준비해 결의서와 함께 사용해도 될 것이다.

● 대체거래

대체거래는 현금의 입출금과 관계가 없기 때문에 자칫 누락되는 경우가 있을 수 있다. 예를 들어 외상으로 물건을 판매한 경우 '(차변) 외상매출금 ××× (대변) 제좌(매출, 부가세예수금) ×××'으로 처리해야 한다. 그런데 이 회계처리를 누락한 경우 이를 찾아내기 위해서 많은 노력이 필요할 것이다. 따라서 대체거래가 누락되지 않도록 이에 대한 지침을 마련할 필요가 있다.

셋째, 주기적으로 업무를 점검해 시스템이 제대로 작동하는지 살펴보아야 한다.

회사 전체적으로 결의서가 제대로 작성되지 않거나, 또 현업부서에서 입금해야 할 돈이 제대로 정리가 되지 않으면 정확한 결산을 할 수가 없다. 그렇게 되면 내부관리에 허점이 발생해 경리와 회계업무가 엉망진창이 될 수 있다. 더 나아가 회사 내부 통제 시스템이 제대로 작동되지 않으므로 항상 금전사고가 발생할 가능성이 있다. 따라서 회사 경영자나 실무부서는 이런 문제를 미연에 방지하기 위해서는 주기적으로 업무점검을 할 필요가 있다. 업무점검은 매출원장, 매입원장, 시재, 결의서 등 각종 내부자료를 활용한다.

횡령을 방지하는
자금관리 시스템

"아, 이제 좀 안심이 되는군요. 이렇게 하다가 부족한 것이 있으면 차츰차츰 보완을 하면 되겠군요. 담당자한테 입금이나 출금 등이 있을 때 결의서를 작성해 결재를 올리라고 하면 될 거구요. 그런데 세무사님, 이렇게 관리를 하면 원칙적으로 서류상의 금액과 실제 통장이나 보유한 현금잔액과 맞아떨어지지 않나요?"

"그렇습니다. 결의서상 내용이 정확하다면요."

"아니, 그렇다면 결의서가 부정확하게 작성됐다면 돈 관리가 제대로 됐다는 것을 어떻게 입증할 수 있나요?"

용 사장은 당일 입금이나 지출은 결의서로 확인되지만, 실제 통장이나 보유한 현금과 일치하는지 알고 싶었다.

"아, 먼저 앞에서 본 양식들의 성격을 이해할 필요가 있습니다. 이중 결의서는 입금이나 출금 그리고 현금이 오가지 않는 대체거래의 정당성을 확보해 주게 됩니다. 그리고 전표는 회계처리용으로 존재하는 것입니다. 따라서 이 양식만으로 보면 당일의 통장잔액과 현금잔액은 당연히 알 수가 없습니다. 실무상 통장이나 현금잔액이 실물과 일치하는지 여부는 다음과 같이 경리일보(또는 자금일보라고도 한다)를 통해 알 수 있습니다."

경리일보는 매일의 자금상황을 한눈에 볼 수 있도록 만든 표를 말한다. 이 양식은 실무 담당자가 매일매일 작성하고 통장과 현금출납부와 함께 결재를 올려 위임전결규정에 따라 상사가 결재를 하는 용도로 사용하면 될 것이다. 참고로 각 회사의 형편에 따라 경리주보로 할 수도 있으나, 이렇게 되는 경우 내부 통제가 느슨해질 우려가 있다. 각 항목을 세부적으로 살펴보면 다음과 같다.

오늘 할 일을 내일로 미루지 않는다

경리일보는 매일매일 작성해야 해

경 리 일 보

결	담당	과장	부장	사장
재				

200   년   월   일 현재

통장 및 현금잔액 현황

구분①	은행명	전일이월②	금일입금③	금일출금	금일잔액	전체출납계④	
예금	○○은행					전일잔액	
	△△은행					입금액	
	소계					출금계	
현금						실제잔액	
합계							

통장 및 입출금 내역⑤

날짜	통장 입금내역	입금	날짜	통장 출금내역	출금

현금 입출금 내역⑥

날짜	통장 입금내역	입금	날짜	통장 출금내역	출금

① 구분: 예금과 현금으로 구분한다.

② 전일이월: 전일의 보통예금 및 현금시재 잔액을 기재한다.

③ 입금: 금일 입금된 금액을 적는다.

　출금: 금일에 보통예금 및 현금으로 출금된 금액을 적는다.

　금일잔액: 전일이월액에 금일입금액을 더한 후, 출금액을 차감해 구한다.

④ 전체출납계: 전일의 총잔액에서 당일 입출금을 반영해 금일의 잔액을 구한다.

⑤ 통장 및 입출금 내역: 통장으로 입출금된 내역을 기재한다. 이 기재 내역은 향후 회계처리 시 중요한 단서를 제공하므로 주의해서 작성한다.

⑥ 현금 입출금 내역: 현금으로 입출금된 내역을 기재한다.

세무문제를 사전에 없애는
증빙 시스템

"앞의 결의서를 보니까 증빙서류가 나오더군요. '영수증은 곧 돈이다'는 말을 자주 들어왔는데 어떻게 주고받아야 하는지 궁금합니다. 아울러 거래와 관련된 서류는 어떤 식으로 보유해야 하는지 궁금합니다."

용 사장이 계속 질문을 했다.

"증빙서류는 거래를 입증하는 데 매우 중요한 수단이 됩니다. 현실적으로 실제 거래가 있었음에도 불구하고 이를 증빙서류로 입증하지 못해 불이익을 받는 경우가 많습니다. 예를 들어 현금 50만 원을 사무용품비로 지급했는데 이에 대한 증빙이 없다면 비용 처리는 할 수 있겠지만 세무상 비용으로 인정받지 못할 수 있습니다."

"잘 알겠습니다. 그런데 증빙도 여러 가지 종류가 있지 않습니까? 세금계산서도 있고 간이영수증도 있고. 아, 또 카드 영수증도 있고.

어떤 식으로 관리해야 하는지 도무지 갈피를 잡을 수 없군요."

용 사장은 매출이나 지출과 관련해 영수증을 어떻게 받으며 또 거래관련 서류들은 어떤 식으로 보관하는지 매우 궁금했다.

세법에서는 각 기업이 갖추어야 할 증빙종류를 법적으로 강제하고 있다. 그래서 세금계산서를 발행해야 하는 거래에 대해서 세금계산서를 발행하지 않거나, 카드전표나 현금영수증 등 적격 영수증을 받아야 하나 간이영수증을 수취한 경우에는 가산세 불이익을 주고 있다.

따라서 사전에 매출 유형이나 지출 유형에 따라 어떤 증빙을 어떻게 주고받아야 하는지 이를 검토해 그대로 시행할 필요가 있다. 그렇게 되면 실무부서인 경리부서에서는 지출결의서에 비적격 영수증이나 거래 근거 서류가 부족하면 돈을 지급하지 않는 등의 조치를 어려움 없이 취할 수 있게 될 것이다.

구분	항목	대금영수증	세법상 영수증	비고
매출관련	현금매출	입금증, 통장사본	영수증 등	계약서 등 매출 근거 구비
	카드매출	카드전표	카드전표	
	세금계산서매출	입금증, 통장사본	세금계산서	
매입 또는 지출 관련	자재대	입금증, 송금영수증	세금계산서	계약서, 사규 등에 의한 지출결의 등 지급 근거 구비
	인건비	송금영수증		
	접대비	카드전표	카드전표	
	소모품비	카드전표	카드전표(3만 원 이하 시는 간이 영수증 가능)	
	기타 잡비	카드전표		

예를 들면 매출과 관련해서는 현금 또는 카드, 세금계산서 등 매출 종류에 따라 대금영수증과 세법상 영수증을 한꺼번에 구비하도록 한다. 물론 매출 내용이 용역이거나 단가납품계약 등에 의한 경우에는 사전에 계약서의 내용을 잘 점검하고 세금계산서 교부시기 등에서 문제가 없는지 점검할 필요가 있다.

한편 지출과 관련해서는 적격 영수증을 수취하는 데 관심을 가질 필요가 있다. 여기서 말한 적격 영수증이란 세금계산서, 계산서, 신용카드 매출전표, 현금영수증을 말한다. 세법에서는 이외의 영수증을 받으면 보통 3만 원까지는 인정해 주나 이를 초과하면 가산세(거래금액의 2% 수준)를 부과하므로 주의해야 한다.

| Tip | 증빙 교부 및 수취 지침 |

① 세금계산서 교부 지침

–세금계산서 교부 시에는 신용카드 매출전표를 끊지 않는다.

–세금계산서를 교부할 때는 다음에 열거되는 것(절대적 기재사항)은 누락하지 않거나 사실과 다르게 기재해서는 안 된다.

• 공급하는 사업자의 등록번호와 성명 또는 명칭

• 공급받는 자의 등록번호

• 공급가액과 부가가치세액

• 작성 연월일

② 세금계산서 수취 지침

–세금계산서 발행자와 실제 거래자가 같은가? 이는 국세청의 홈페이지에서 사업자 과세유형·휴폐업 조회란을 조회해 상대방이 정상적인 사업자인지를 알 수 있다.

– 물품대금은 가능한 은행에서 송금하고, 어음이나 수표를 지급한 경우 자필서명을 한 원본을 복사해 보관하도록 한다.
– 사실과 다른 세금계산서, 즉 공급시기와 공급수량 등이 실제와 다른 세금계산서를 수취한 경우에는 매입세액이 불공제될 수도 있으니 주의해야 한다.

③ 기타 비용지출 수취 지침

– 접대비: 3만 원을 초과한 접대비의 경우에는 개인사업자(또는 법인) 명의의 신용카드, 현금영수증을 사용한다. 경조사비는 20만 원까지 청첩장 등 사본을 첨부한다(초과분은 경비 불인정).
– 복리후생비: 거래금액이 3만 원을 초과한 경우에는 세금계산서나 신용카드 매출전표 또는 현금영수증을 수취한다.
– 재료비·상품비 등: 부가가치세 매입세액공제를 위해 세금계산서를 수취한다. 재료비는 금액이 큰 특성이 있으므로 품목이나 규격 등이 기재된 거래명세서를 수취해야 하고 대금지급 시 영수증을 받아 보관한다.
– 소모품비·사무용품비·차량유지비 등: 위의 복리후생비와 같은 방법으로 수취한다.

※ 참고로 각종 증빙 영수증인 카드매출전표는 일일이 모으지 않아도 된다. 신용카드사로부터 데이터를 전송받아 회계처리하면 되기 때문이다.

김치

모든 지출은 반드시 기록해 두어야 해.

급여 관리대장
만들기

"그런데 인건비는 어떤 증빙이 필요하나요? 급여를 지급하면 영수증만 보관하면 되는 것 아닌가요?"

"아, 인건비와 관련해서는 규제 사항이 많기 때문에 월급을 지급하기 전에 반드시 하나하나씩 따져 볼 것이 많습니다."

인건비는 외부로부터 물건이나 서비스를 구입하는 것이 아니므로 세금계산서 등과 같은 적격 영수증을 받을 수 없다. 따라서 회사의 내부에서 지급근거를 갖추어 두어야 한다. 이 외에도 급여 지급과 관련해서는 주의할 것이 많다.

첫째, 급여 지급 전에 지급기준을 확실히 마련해 두어야 한다. 기업 규모가 큰 회사들은 자체적으로 직급에 맞는 급여체계를 갖추고 있다. 또 지급방법도 연봉제를 채택하는 기업이 있는가 하면 종전처럼 호봉제를 채택한 기업도 있다. 따라서 지급기준이 잘 마련돼 있다면 급여와 관련된 각종 의사결정을 쉽게 내릴 수 있을 것이다. 참고로 2025년에는 시간당 최저임금 1만 30원이 적용되고 있으므로, 이 부분도 고려해야 한다.

둘째, 급여를 지급하면 원천공제를 해 납부해야 하는 항목들이 많다. 이에는 소득세, 지방소득세, 각종 사회보험료 등이 있다. 예를 들면 급여 지급 시에는 다음과 같은 항목을 원천 공제해야 한다. 간이세액조견표는 국세청에서 마련한 각 소득구간별로 공제해야 할 소득세와 지방소득세를 나타내는 표를 말한다. 국세청 홈페이지에서 검색이 가능하다.

구분	회사 부담	본인 부담	합계
소득세	–	간이세액조견표에 의거 징수	–
지방소득세	–	소득세의 10%	–
국민건강보험료*	보수월액의 3.545%	좌동	7.09%(2025년 기준)
국민연금보험료	보수월액의 4.5%	좌동	9.0%
고용보험료 (종업원 150인 미만)	총임금의 0.9% (0.25~0.85% 추가 가능)	총임금의 0.9%	1.8%
산재보험료	업종별로 규정	–	–

* 회사와 본인은 건강보험료의 12.95%를 각각 장기요양보험료로 납부해야 한다.

이렇게 뗀 소득세와 지방소득세는 관할세무서와 관할구청에 다음 달 10일까지 신고·납부해야 한다. 국민연금과 건강보험료 등은 관할

공단에 역시 다음 달 10일까지 납부해야 한다.

셋째, 급여대장은 일정한 양식에 따라 관리한다. 물론 전산으로 급여처리가 되는 경우에는 문제가 없겠지만, 외부에 급여 관련 업무나 회계 관련 업무를 위임한 경우에는 자체적으로 급여 관리대장을 만들어 시행한다. 급여대장의 형식은 다음과 같다. 물론 이 양식은 정해져 있는 것은 아니며 자사의 실정에 맞게 구비하면 된다.

(단위: 원)

번호		1	2	…	…	합계
성명		○○○	□□□			
연봉 총액						
기본급						
비과세	식대					
	차량보조금					
	육아수당					
기타 수당						
급여 총액						
공제내역	소득세					
	지방소득세					
	건강보험					
국민연금						
고용보험						
공제계						
급여수령액						
비고						

넷째, 급여에 대해서는 매년 연말정산을 실시해야 하고 지급조서를 기한 내 반드시 제출해야 한다. 연말정산은 다음 해 2월 급여 지급 때

전년도에 지급된 급여에 대해 실시한다. 또한 모든 사업자들은 그로 인해 발생된 '근로소득원천징수영수증'을 다음 해 3월 10일까지 관할세무서에 반드시 제출해야 한다. 이를 어기는 경우 가산세가 미제출금액의 2%만큼 부과되므로 상당히 유의해야 한다.

다섯째, 일용근로자는 3개월을 초과하지 않은 근로자를 말한다. 따라서 이 기간을 초과하는 경우 일반근로자로 처리해야 함에 유의해야 한다. 일용직에게 급여를 지급할 때는 일용직 대장에 인적 사항을 기록하고 지급근거(지급일자, 지급금액, 서명 등)를 구비해야 하는 한편 관할세무서에 다음달 10일까지 지급내역을 신고해야 한다.

한편 분기별로 일용직의 인적 사항이 담긴 급여내역을 관할세무서에 신고해야 한다. 구체적으로 분기 마지막 달의 다음달 말일(마지막 분기는 다음 다음 달 말일)까지 지급내역서를 제출해야 한다.

월급의 일부는 내 것이라구!

한눈에 보이는
회계관리 시스템

"내부관리 시스템을 정비했다고 생각하니 가슴이 뿌듯하네요. 이렇게만 관리하면 돈의 지출을 사전에 통제할 수 있고 돈의 흐름을 파악할 수 있을 것 같습니다. 물론 실무를 하다 보면 문제점들이 하나둘씩 보이겠지만 그거야 하나하나 해결하면 되겠지요."

"맞습니다. 이렇게 기본적으로 할 것들은 해야 나중에 작은 문제들을 해결할 수 있습니다."

"그런데 세무사님, 앞에서 전표양식을 보니 회계처리의 내용이 있던데요. 이 회계처리는 어떤 식으로 정리가 되나요? 가만히 두면 되는 것인지 아니면 이것을 이용해 어떤 작업을 거치게 되는지……."

"아, 이제 본격적으로 회계기록은 어떻게 하는지 설명을 해 드리겠습니다."

앞의 결의서상의 전표양식은 크게 입금과 출금 그리고 대체전표로 구분됐다. 여기서 입금전표란 현금이 들어올 때, 출금전표란 현금이 지출될 때 그리고 대체전표는 현금이 수반되지 않을 때 사용된다. 예를 들어 상품을 판매해 현금이 들어왔다면 입금전표를 사용하고 현금이 들어오지 않을 때(외상거래인 경우)는 대체전표를 사용하는 것이다.

실무적으로 각 기업의 재산증감에 영향을 미치는 거래라면 모두 전표를 작성할 수 있다. 따라서 사업연도 중에는 회계상의 모든 거래를 전표로 관리하면 된다.

이러한 전표는 전산회계 시스템 하에서 해당날짜에 맞춰 전산에 입력한다. 전산에 입력된 데이터는 회계 프로그램에서 여러 가지 정보들을 실시간으로 출력할 수 있게 해 준다. 물론 이렇게 입력된 데이터들이 오류가 있는지 없는지는 일계표 등을 통해 검증이 된다. 여기서 일계표란 하룻동안 일어난 거래를 각 계정과목별로 집계한 표를 말한다. 물론 이 표는 꼭 작성해야 하는 것은 아니다. 이렇게 매일 회계관리를 하고 결산 때 결산분개를 추가하면 재무제표를 만들 수 있고 장부가 완성된다.

기중   **연말**

전표관리 + 결산분개 = 재무제표 및 장부 완성

결산이 잘되려면 기중의 입출금 관리 및 대체거래가 정확히 반영돼야 하고, 결산 때 결산분개를 정확히 할 수 있어야 한다.

한편 결산은 실무적으로 다음과 같은 결산일정에 따라 진행되도록

한다. 물론 기업에 중대한 영향을 미치는 계정과목은 사전에 회계처리 방법과 그 영향 등에 대해 충분히 검토해야 할 것이다.

결산일정 지침

내용	비고
결산일정 통보	해당부서에 통보
일반관리비, 판매비, 제조경비, 영업외수익·비용 마감	재고자산 조사 비유동자산 마감 및 감가상각비 계상 판매관리비, 제조경비 등 마감 영업외수익·비용 마감 (예: 적금이자, 차입금이자 등)
채권·채무 확정	유동성 장기부채 대체 현재가치할인차금 등 계상
원가계산 확정	
결산대책(안) 수립	
재무제표 및 부속명세서 작성	감사보고서 주석사항 등 포함
회계감사 수감	자산, 부채, 매출, 종업원 수 기준 중 2개 이상 충족한 기업에 한함.
결산보고서 작성	
세무신고	

제조업이나 판매업 그리고 건설업은 매출원가가 손익계산서에 표시된다는 공통점이 있다. 예를 들어 판매업의 경우 매출원가는 '기초재고액＋당기매입−기말재고액'으로 계산한다. 이 식을 보면 매출원가는 팔려 나간 상품의 원가다. 주로 기말재고가 결정되면 대부분 바로 알 수 있다. 따라서 판매업의 경우 원가 시스템은 정확한 재고수불이 관건이다.

하지만 제조업이나 건설업은 제조나 건설과정이 있으므로 위의 판매업보다 복잡하다. 따라서 이들 업종에서는 앞의 정확한 재고수불은 기본이다. 각 공정흐름에 맞는 원가 집계 및 원가 계산 방법을 미리 마련할 필요가 있다.

원가에 대해 공부가 필요한 경우 이 책의 자매서인 『신입사원 왕초보 재무제표의 달인이 되다』를 참조하기 바란다.

회계장부 시스템
유지하는 법

"회계장부를 작성해야 한다고 하는데 회계장부는 도대체 어떻게 생겼습니까?"

"사장님, 장부란 거창한 것이 아닙니다. 앞에서 우리가 살펴본 회계 처리 내역을 그대로 문서화한 것을 장부라고 합니다."

고 세무사는 현재 전산회계 시스템을 곁들여 설명해 주었다.

"전산으로 회계가 처리되면 그 데이터들이 자동으로 장부 형식으로 분류가 되고 우리는 손가락 버튼 하나로 장부를 출력해 낼 수 있지요."

장부란 전표 내용을 기록한 문서다. 상법이나 세법 등에서 작성 및 보관 의무를 규정하고 있다. 그렇다면 왜 장부가 필요할까?

앞에서 본 전표는 해당 거래에 대한 정확한 정보를 담고 있다. 그러나 회사 규모가 커지거나 시간이 흐르다 보면 전표량이 상당해진다. 결국 이 전표만을 가지고 각종 회계정보를 산출할 수가 없다. 또 특정한 거래를 검토할 때는 그 거래일자를 알아야 전표를 찾을 수 있을 텐데 현실적으로 이렇게 하기가 매우 힘들다. 그래서 이러한 문제점들을 극복하기 위해 장부를 작성하게 되는 것이다. 장부는 보통 계정과목별로 관리되고 기록되므로 각종 회계정보의 산출이 손쉽게 된다. 장부의 종류는 다음과 같다.

① 주요부

주요부란 기업의 모든 거래를 발생순서대로 기록하는 장부를 말한다. 이에는 분개장과 원장(총계정원장)이 있다. 총계정원장은 결산서 작성의 기초가 되는 장부로서, 이것으로는 각 계정의 자세한 내역을 알 수 없고 집계된 숫자만 알 수 있다. 이 원장을 기초로 시산표와 재무제표 등이 작성된다.

예를 들어 1월 10일에 복리후생비를 지출했다면 다음과 같이 표시된다.

복리후생비

일자	적요	차변	대변	잔액
1월 10일	일계표에서	200,000		200,000

② 보조부

보조부란 앞의 주요부의 기록 중 충분하지 못한 부분을 보충하거나 보다 자세히 설명한 장부를 말한다. 이에는 보조원장과 보조기입장이 있다. 보조원장에는 상품재고장, 매출처원장, 매입처원장, 비유동자산대장 등이 있고 보조기입장에는 현금출납장과 매출장, 매입장 등이 있다. 한편 계정별 원장도 보조부에 속하는데, 이는 일정기간 동안 계정과목별로 따로 정리한 장부를 말한다. 실무에서는 이 원장이 중요하게 사용된다. 계정과목별로 어떤 항목들이 누락되어 있는지 등을 밝힐 수 있는 기회를 제공해 주기 때문이다.

참고로 이러한 장부는 별개로 존재하지만 요즘처럼 전산이 발달한 상황에서는 회계처리만 하면 다양한 형태의 장부를 실시간으로 출력할 수 있다.

한편 주로 소규모 기업에서 사용되는 간편장부에 대해 알아보자.

'간편장부'란 거래가 발생한 날짜 순서대로 거래 내용만을 기록하는 것을 말한다. 장부는 원래 모든 사업자가 작성을 해야 하나 영세한 기업은 그렇지 못한 관계로 이런 형식으로 장부를 기재하더라도 세법에서는 인정하고 있다. 다만 세법에서는 업종과 매출액 규모에 따라 다음과 같이 제한을 두고 있다.

참고로 간편장부 대상자(구분 기준은 아래 참조)는 이 장부에 의해 소득세와 부가가치세 신고를 할 수 있다. 간편장부의 구조는 다음과 같으나, 이러한 장부구조는 법적인 양식이 아니므로 간편장부 대상자는 별도의 보조부를 작성하거나 또는 복식부기로 장부를 작성해도 세법상 문제가 없다.

일자	거래 내용	거래처	수입(매출)		비용		비유동자산증감		비 고
			금액	VAT	금액	VAT	금액	VAT	

개인기업은 현실적으로 영세한 규모나 업종을 포함하기 때문에 회계나 세무를 큰 기업처럼 해낼 수 없다. 그래서 세법에서는 다음과 같이 수입금액별로 장부 작성 의무를 두고 있다.

• 업종별 장부 작성 의무

농업 등 1차 산업, 부동산 매매업, 도·소매업, 광업, 아래에 해당하지 않는 업종	전년도 매출이 3억 원 이상이면 복식부기 (그 미만이면 간편장부, 이하 동일)
제조업, 숙박업, 음식업, 전기가스 및 수도업, 운수업, 건설업, 소비자용품수리업, 창고업 및 통신업, 금융 및 보험업	1억 5,000만 원 기준
부동산임대업, 사업서비스업, 교육서비스업, 보건 및 사회복지서비스업, 개인서비스업, 가사서비스업	7,500만 원 기준

예를 들어 개인기업이 제조업에 속한다면 전년도 매출이 1억 5,000만 원 이상이라면 앞에서 본 복식부기로 장부를 작성해야 한다. 만일 그 미만이면 복식부기가 아닌 단식부기 형태의 간편장부로 작성하면 된다. 참고로 법인기업은 무조건 복식부기로 작성하도록 돼 있다.

한편 개인기업이든 법인기업이든 원칙적으로 장부 작성 의무가 있으므로 이를 이행하지 않으면 무기장가산세 등 불이익이 있다.

전산세무회계
시스템의 구축

"설명을 들어 보니 회계장부나 재무제표는 수작업으로 진행하기가 힘들어 보입니다. 그렇죠?"

용 사장은 약간 의기소침한 투로 말했다.

"아, 네. 회계정보량이 많은 경우 이를 수작업으로 하면 비용이 많이 발생하겠지요. 전표를 일일이 장부에다 기록해야죠. 그리고 그것을 토대로 세무신고를 해야죠. 숫자 하나만 틀려도 이를 찾는다는 것은 보통 힘든 일이 아닐 겁니다. 또 이런 작업을 하는 데 사람들이 얼마나 필요할까요? 그야말로 배보다 배꼽이 더 큰 기이한 현상이 발생하게 될 것입니다."

현재 대부분의 회사에서 회계와 세무업무는 전산으로 처리하고 있다. 물론 규모가 큰 대기업의 경우에는 그 기업 내의 전산부서에 의해 프로그램이 개발돼 업무가 이루어진다. 그러나 규모가 작은 기업은 시중에 나온 프로그램을 구입해 사용할 수밖에 없다. 이러한 전산처리 업무는 컴퓨터의 발달과 더불어 세무회계업무의 대세를 이루고 있다.

그런데 전산으로 회계처리를 하는 경우에는 거래에 대한 분개를 정확히 전산에 입력하기만 하면 바로 전표, 분개장, 일계표, 총계정원장 등의 주요부, 매출장 등의 보조부가 자동으로 작성된다. 그 이후의 결산절차에 따라 수정 및 결산전표 등을 반영하면 재무제표가 자동으로 나오고 있다. 이를 EDP*회계라고 하며 대부분의 회사가 이런 회계 시스템을 가지고 있다(외부의 세무회계사무소에 업무를 위임한 경우에도 마찬가지이다).

이렇게 전산회계에서는 분개 내용만 전산에 정확히 입력하면 자동적으로 장부 등이 작성되기 때문에 시간 단축이나 오류의 가능성(오류가 발생하더라도 이를 자동적으로 검증할 수 있는 길이 많다)이 축소되는 등의 장점이 있다.

Tip　　회계 프로그램 구입해야 하나?

기업이 크든 작든 회계와 세무는 명확히 처리할 수 있어야 한다. 그런데 이러한 업무는 수작업으로 처리하기가 힘든 것이 현실이다. 그래서 규모 있는 기업들은 자체적으로 회계 프로그램을 개발해 물류 부분이나 성과 평가 등과 연계(ERP시스템)시켜 사용하고 있다. 이에 반해 소규모 기업들은 시중에 나와 있는 프로그램을 구입해 사용하거나 프로그램 없이 외부의 세무회계사무소에 아웃소싱을 하고 있다.

결론적으로 전산회계 프로그램은 자기 기업의 형편에 맞게 유지할 수밖에 없다. 다만 해당 시스템을 유지할 때는 비용과 효익의 관계를 따져 볼 필요가 있다.

＊electronic data processing

그렇다면 전산회계는 어떻게 작동되는지 따져 보자.

예를 들어 어떤 기업이 1월 2일에 자본금 5,000만 원 입금, 1월 5일에 비품 500만 원 출금이 된 전표를 작성한다고 하자. 전산회계에서는 다음과 같은 화면에 위의 내용을 입력하기만 하면 전표 작성이나 분개장 등의 작업들은 실시간으로 해결된다.

① 일반전표의 입력

1월 2일에 자본금 5,000만 원을 납입한 경우

일반전표입력 – 〈회사명: ○○기업〉								
A. 전표입력/장부 B. 기초정보 C. 결산/재무제표 D. 부가가치세 E. 예산/자금 F. 고정자산/감가상각								
ESC	도움	코드	검색	차액분개	인쇄	조회		
2025년 1월		현금잔액		분개대차차액				
일	번호	TY	코드	계정과목	코드	거래처명	금액	관리
2	0001	차	103	보통예금		○○은행	50,000,000	
2	0001	대	331	자본금		○○은행	50,000,000	
현재적요		개업시 자본		현장코드				
〈분개〉								
보통예금 50,000,000 / 자본금 50,000,000								

부가가치세가 없는 일반전표에서는 굵은 글씨 부분(일자, 차변과 대변의 구분, 계정과목 코드, 거래처 코드, 금액, 적요 등)을 입력만 하면 그에 대한 분개가 자동으로 된다. 이렇게 저장된 데이터들을 기초로 원

장과 재무제표가 만들어진다.

② 매입매출전표의 입력

1월 5일 비품 500만 원(부가가치세 별도) 구입한 경우

일반전표입력 - 〈회사명: 잘나가 기업〉

A. 전표입력/장부 B. 기 정보 C. 결산/재무제표 D. 부가가치세 E. 예산/자금 F. 고정자산/감가상각

ESC	도움	코드	검색	차액분개	인쇄	조회	
2025년 1월				차액			

	일	유형	품명	수량	단가	공급가액	부가가치세	관리	분개
1	5	과세	비품	1		5,000,000	500,000		3
2									

거래처			123-45-67890		직전거래처		
	구분		계정과목	금액	거래처	현장코드	자금
1	차변	135	부가세 대급금	500,000			
2	차변	212	비품	5,000,000			
3	대변	251	외상매입금	5,500,000			

매입매출전표 화면상에서 일자와 유형을 선택하고 품명, 수량, 공급가액, 부가가치세, 분개유형, 거래처 코드 선택 등을 하고 계정분류를 하면 매입매출거래에 대한 분개내역뿐만 아니라 관련 데이터들이 저장된다. 이 화면에 입력된 자료들을 기초로 부가가치세 신고를 할 수 있다. 이 외에도 종업원들의 급여에 대한 자료를 해당 화면에 입

력하면 급여에 관련된 원천징수나 연말정산을 쉽게 끝낼 수 있다. 또 1년에 한 번씩 하는 법인세나 소득세 신고도 이러한 전산상의 데이터를 활용해 신고를 간편히 끝낼 수 있다.

이상의 내용을 정리하면 다음과 같다.

전산회계처리 시 업무절차도

재무회계 측면		세무회계 측면	
	원천징수(매월)	부가가치세(연4회)	세무조정(연1회)
초기이월			
전표입력 －일반전표 －매입매출전표	급여자료 입력		항목별 세무조정 내역 입력
일계표 출력 합계잔액시산표 출력	원천징수이행사항 신고서 출력	부가가치세 신고서 출력	세액자동계산 및 신고서 출력
결산자료출력 재무제표출력 장부출력	연말정산자료 입력 연말정산 전자신고	부가가치세 전자신고 전자신고	법인·소득세

① 회계상의 거래입력 → 자동분개 → 자동전기 → 전표와 장부 출력(전표와 장부 작성 완성)
② 매출 및 매입 입력 → 부가가치세의 신고(신고서 및 납부서 양식 자동출력)
③ 세무조정 → 종합소득세(또는 법인세)의 신고(신고서 및 납부서 양식 자동출력)

이러한 세무회계 업무는 자체적으로 할 수도 있고, 세무회계사무소 (세무법인 등)에 업무를 대행시킬 수 있다(구체적인 절차 등은 저자 문의).

세무조사를 비켜 나가는 세무관리 시스템

"세금신고와 회계는 아주 밀접하게 연관됐다는 생각이 드는군요."

"맞습니다. 세무신고는 전산회계 시스템에 기록된 회계 데이터를 세법에 맞게 고쳐서 신고하도록 하고 있습니다. 세법은 신고 및 납부 기한이 엄격하게 규정돼 있고, 담당자의 실수가 용납되지 않는다는 특징이 있습니다. 따라서 사전에 세무신고 지침에 따라 업무가 이루어져야 합니다."

고 세무사는 세무신고에 대한 관리지침서를 제시했다.

먼저, 세금의 일정과 신고의 핵심 내용을 파악한다.

법인세나 소득세 기타세목에 대한 신고 등의 일정을 수립하고 세금에 대해 중요한 내용을 점검한다. 세법의 내용은 수시로 개폐되므로 이를 따라잡는 노력을 병행해야 한다. 각 세목에 대해서는 업무를 진행하면서 절차를 점차적으로 매뉴얼화하는 것도 좋다.

세금 일정

구분	세목	신고 대상자	신고·납부기한	신고할 내용
매월	원천징수	원천징수 의무사업자	매월 10일	매월 급여 등에 대해 원천징수한 세액
	개별소비세	개별소비세 과세사업자	매월 말일까지	1개월간의 개별소비세 과세대상품목
	4대 보험	일정한 사업자	고지서로 납부 (국민연금·건강보험료는 매월 10일 납부)	국민연금 등
분기	부가가치세	일반 및 간이과세자	• 법인: 예정신고 포함 4회 • 개인사업자: 확정신고 2회(단, 간이과세자는 1회)	해당기간의 매출세액 -매입세액
연단위	사업장 현황신고	부가가치세 면세사업자 (의원, 학원 등)	다음 해 2월 10일	면세매출액과 사업장 현황, 기타 경비
	법인세	모든 법인	통상 다음 해 3. 1.~3. 31. (중간예납 8. 31.)	1사업연도의 사업실적
	종합소득세	모든 개인사업자	다음 해 5. 1.~5. 31. (단, 성실신고확인사업자는 5. 1.~6. 30.) (중간예납 11. 30)	1. 1.~12. 31.까지의 사업실적
기타	종합 부동산세	부동산을 소유한 법인	매년 12. 1.~12. 15.	6월 1일 현재 부동산 소유 시
	지방세	부동산 취득자 등	수시	

둘째, 신고기한 등 세법에서 정한 의무를 어기지 않도록 한다.

세무관리는 문제가 없도록 미리 관리하는 것이 최선책이다. 따라서

관련 내용들을 전 임직원이 숙지할 수 있도록 유의사항 등을 전파할 필요가 있고, 구체적으로 마감일자와 증빙을 수취하는 요령에 대해서도 교육 등을 실시해 그 내용을 주지시켜야 한다.

한편 세법에서는 제출해야 할 서류를 제때 제출하지 못한 경우에는 가산세를 많이 물리고 있다. 예를 들면 근로소득원천징수영수증, 매출처별세금계산서합계표, 주식이동상황명세서 등이 그렇다. 따라서 어떤 서류를 어떻게 제출하는지에 대해서는 각별히 신경을 써야 한다.

셋째, 세금을 전략적으로 파악하고 이용할 수 있어야 한다.

세금은 회계처리와 밀접한 관계를 가진다. 즉 회계처리가 어떻게 됐느냐에 따라 세금의 크기가 결정된다고 해도 과언이 아니다. 따라서 나중에 세금 크기를 미리 알고 싶다거나 세무상 문제를 비켜 나가거나 또는 세금 혜택을 누리기 위해서는 사전에 세금문제를 전략적으로 이해할 필요가 있다. 예를 들어 각 세목에 따라 경영자나 실무자가 챙겨야 할 것들을 나열하면 다음과 같다.

세목	손익계산서 영향	세법상 규제	관리 포인트
급여 신고	급여↑ → 이익↓ → 세금↓ 급여↓ → 이익↑ → 세금↑	부당 인건비 규제	사전예산에 의한 지급
부가가치세 신고	부가율↑ → 이익↓ → 세금↓ 부가율↓ → 이익↑ → 세금↑	동종업계를 기준으로 불성실 신고자 관리	부가율 사전관리
법인세 (소득세) 신고	소득률↑ → 이익↓ → 세금↓ 소득률↓ → 이익↑ → 세금↑	상동	소득률 사전관리

개인기업과 법인기업의 창업 세무회계 시스템

대한민국에서 산업이라고 일컬어지는 영역에는 수많은 업종과 종목들이 있다. 물론 이들 업종들은 지금 시점에 산업수요가 있기 때문에 살아 있는 것들이다. 그런데 이들 업종들을 경영하는 주체는 곧 사람이다. 그래서 이런 업종 중 개인 또는 소수가 모여서 경영이 가능한 경우에는 대개 개인사업 형태로, 그렇지 않은 경우에는 대개 법인기업 형태로 운영되고 있다. 다만 때로는 어떤 업종들은 처음부터 법인으로 출발해 회사 발전을 꾀하는 경우도 있다. 또 개인기업으로 출범했더라도 규모가 커지면 법인으로 전환해 경영하는 경우가 종종 있다.

그런데 세무회계 측면에서는 개인기업이냐 법인기업이냐에 따라 처리 방법들이 많이 다르다. 그래서 어떤 사람들은 그 차이점을 미리 알고 기업 형태를 선택하는 경우도 있다.

그렇다면 구체적으로 어떤 차이들이 있는지 주요 내용만 보자.

구분		개인기업	법인기업
회계	회계처리 기준	발생주의	발생주의
	통장잔액관리	×*	○
	가지급금 및 가수금	×	○
	이익처분 여부	×	○
	법정자본금 개념	×	○
세무	소득개념	소득원천설	순자산증가설
	대표자 급여 비용인정 여부	×	○
	부동산처분손익 손익해당 여부	×	○
	인출금	○	×
	세율	6~45%	9~24%
	장부 작성 의무	수입금액에 따라 간편장부 및 복식부기의무자로 구분	복식부기에 의해 작성

＊ 2025년 현재 사업용계좌제도가 시행되고 있다. 이 제도는 개인사업자도 원칙적으로 통장거래를 하도록 한다.

우선, 회계 측면에서 보자.

일단 개인 및 법인기업 모두는 기업회계기준에 따라 회계처리를 해야 한다. 그런데 실무적으로 똑같은 사업 내용이라도 이를 개인기업으로 하는가 법인기업으로 하는가에 따라 세무회계 내용도 180도 달라진다.

개인기업은 개인이 사업 주체이다 보니 기업의 사업 내용이 개인에서 분리되지 않는다. 그래서 돈이 벌리면 일단 기업에 넣지 않아도 되고 바로 사장 호주머니로 직행해도 아무런 문제가 되지 않는다.

그런데 법인기업의 사업 주체는 법인이다. 그 법인의 임직원들은 법인의 구성원일 뿐 법인과는 분리가 된다. 따라서 기업활동과 관련해 돈이 벌리면 기업의 계좌로 들어가도록 해야 한다. 그렇지 않으면 법인의 돈을 횡령하는 결과가 된다.

이런 차이가 회계에서도 고스란히 전가된다. 그래서 개인기업은 통장잔액관리를 외부적인 이유에 의해 할 필요가 없다. 그러다 보니 가지급금이나 가수금이라는 계정과목이 없다. 또 주주들이 없다 보니 법정자본금도 필요 없고, 또 배당이라는 것도 없으니 '이익잉여금처분계산서' 등도 없다. 이에 반해 법인기업은 법인과 관련된 모든 거래를 회계적으로 정리해야 한다. 또한 법인계좌의 돈에 대해서는 10원까지도 정리를 해야 한다. 따라서 대표이사가 만든 법인이라도 이를 마음대로 돈을 쓸 수 없다.

다음으로 세무 측면을 보자.

세무 측면에서 개인기업과 법인기업은 극명한 차이를 보인다. 개인 기업의 소득은 개인이 창출한 여러 가지 소득(근로소득, 이자배당소득, 부동산임대소득, 연금소득 등)과 합산해 과세하고 있고, 법인기업은 법인이 벌어들인 소득에 대해 과세하는 구조로 돼 있다. 즉 소득개념 자체부터 다르다. 개인은 보통 법에 열거된 소득에 대해서만, 법인은 법인과 관련된 모든 소득에 대해 과세하고 있다. 특히 세무상 가장 차이가 크게 난 곳은 바로 대표자 급여의 인정 여부와 세율 부분이다. 개인기업은 사업을 해 남은 금액은 기업주의 소득이므로 대표자의 급여를 비용으로 인정하지 않는다. 하지만 법인기업의 경우 대표자의 급여는 다른 종업원들처럼 경비로 인정된다. 따라서 이러한 한 가지 사실만 두고서라도 개인기업과 법인기업의 차이를 쉽게 알 수 있다.

한 권으로 끝내는 회계와 재무제표

초판 1쇄 발행 2006년 6월   7일
초판 6쇄 발행 2007년 11월   5일
2판 1쇄 발행 2008년 4월 30일
2판 2쇄 발행 2010년 4월 30일
3판 1쇄 발행 2011년 5월 15일
4판 1쇄 발행 2014년 2월 25일
5판 1쇄 발행 2015년 9월 30일
6판 1쇄 발행 2018년 2월   5일
7판 1쇄 발행 2025년 3월 25일

지은이   신방수

펴낸이   김연홍
펴낸곳   아라크네

출판등록   1999년 10월 12일 제2-2945호
주소   서울시 마포구 성미산로 187 아라크네빌딩 5층(연남동)
전화   02-334-3887   팩스   02-334-2068

ISBN   979-11-5774-774-0 03320